2011년 수필 전문잡지 20여 종에서 가장 좋은 작품
51편을 선정한 한국의 대표적인 산문선집

2012년 한국의 좋은 수필

선정위원 이태동 · 유안진 · 박양근 · 신재기

서정시학

이태동

한국외국어대학 영어과, 미국 노스캐롤라이나 대학(채플 힐) 대학원 영문과, 서울대학교 인문대 영문과에서 박사.
미국 하바드 대학 초빙연구교수, 미국 스탠퍼드 및 듀크 대학 풀브라이트 연구 교수, 서강대학교 교수, 서강대학교 문과 대학장 역임.
문학평론가, 서강대 명예교수.
저서 『나목의 꿈: 한국대소설의 지평』(민음사), 『한국현대시의 실체』(문예출판가), 수필집 『우리를 기쁘게 하는 것들』(김영사, 1012) 등.

유안진

경북 안동 출생. 임동초등학교, 대전여중, 대전호수돈여고 졸, 서울대사범대 및 동 대학원(교육심리학)과 미국 Florida State University에서 공부(박사학위). 마산제일여중고교와 대전호수돈여중고교 교사. 한국교육개발원, 단국대, 서울대 교수를 거쳐 현 서울대 명예교수이다.
1965 『현대문학』 추천으로 등단. 첫시집 『달하』 『거짓말로 참말하기』 외 13권과 『빈 가슴을 채울 한 마디 말』 등 시선집 12권 있다. 『그리운 말 한마디』 외 다수의 수필집과 「세한도 가는 길」의 시가 9권의 중고등학교의 국정 및 검인정 교과서에 등재되어 있다.
『한국전통 아동심리요법』 외 4권의 연구서와 한국전통아동놀이 및 동요집 다수.
수상으로는 정지용문학상, 소월문학상 특별상, 월탄문학상, 한국펜문학상, 간행물 윤리위원회상 등이 있다.

신재기(申載基)

1956년 경북 의성 출생.
경북대학교 국어국문학과 졸업, 고려대학교 문학박사.
1990년 『매일신문』 신춘문예 평론, 대구문학상/신곡문학상 수상,
현재 문학평론가, 수필가, 경일대학교 교수
비평집으로 『비평의 자의식』 『여백과 겸손』 『수필과 사이버리즘』 『수필과 시의 언어』
산문집으로 『언어의 무늬와 빛깔』 『침묵의 소리를 듣는다』 『나는 계획한다, 분서를』 『경산 신아리랑』 『프라이버시의 종말』이 있다.
chaekish@hanmail.net

박양근

현 부경대학교 영문과 교수, 한국문인협회, 한국펜클럽회원. 『월간에세이』로 수필 천료, 『문학예술』에 문학평론 등단. 현재 영남수필학회장, 부경수필아카데미전임교수. 구름카페문학상, 신곡문학대상, 제17회수필문학상 등 수상
수필집으로는 『길을 줍다』 『서 있는 자』 『문자도』 『작은 사랑이 아름답다』 『풀꽃처럼 불꽃처럼』, 저서로는 『사이저리즘과 수필미학』 『좋은 수필 창작론』 『미국수필 200년』 등 다수.

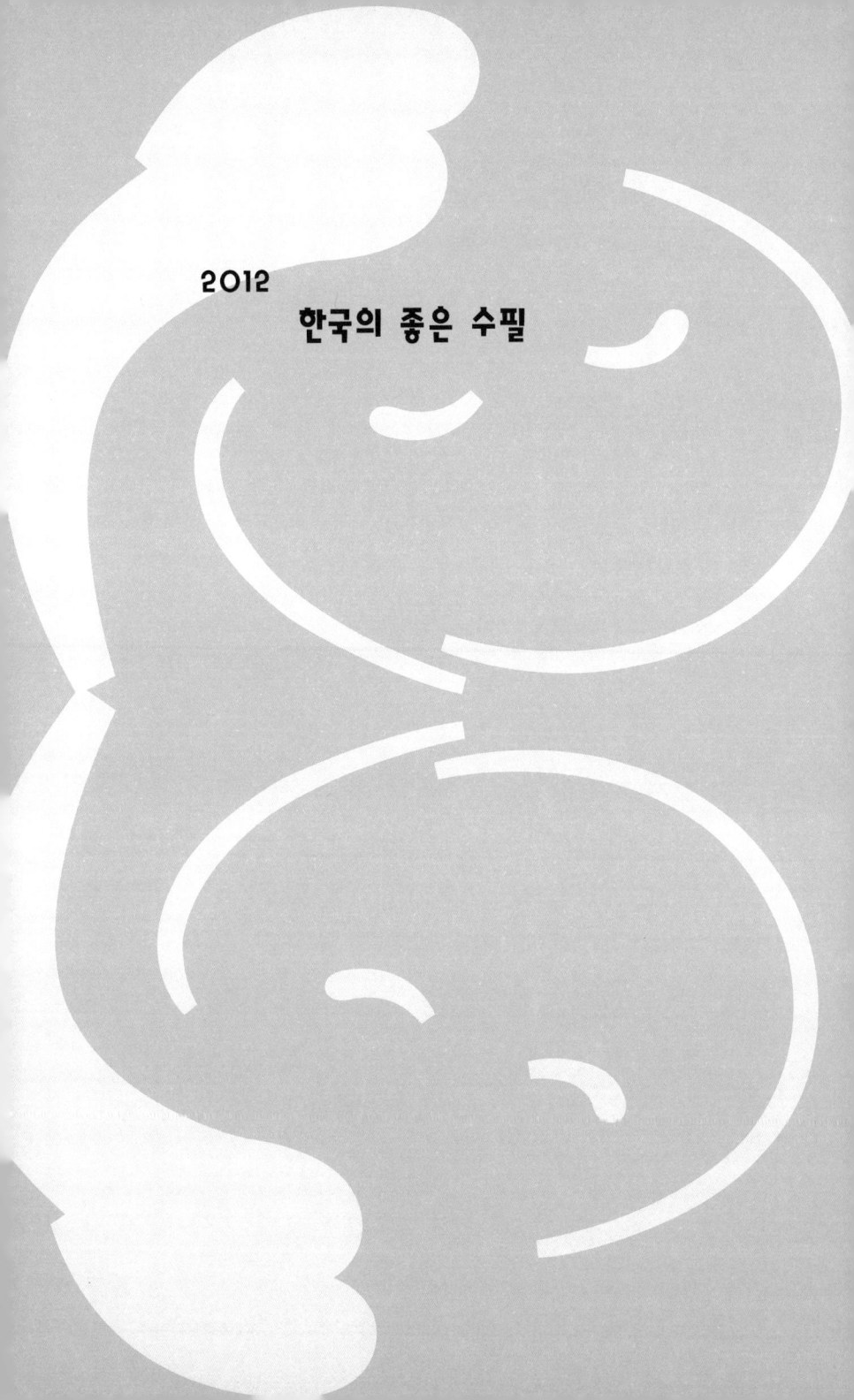

머리말

새로운 세기에 들어와 수필은 대중적인 문학 장르로 자리 잡았다. 앨빈 케넌이 선언한 '문학의 죽음'이 문학판 곳곳에서 감지되는 현실이지만, 수필은 양적으로나 질적으로 상승 곡선을 멈추지 않고 있다. 그래서 한국 문단에서 수필만을 놓고 보면 케넌이 진단한 '문학의 죽음'은 오류임이 분명하다. 디지털문화와 영상매체의 확산으로 문학 전반이 위축됐는데도, 수필은 오히려 물 만난 고기처럼 넘치는 활력을 보여주고 있다.

1980년대 이후 우리는 본격적인 산업사회로 접어들면서 높은 경제 성장을 이루었고, 국민 개인의 생활 수준도 크게 향상되었다. 그 결과 문화 향유 욕구도 한층 높아졌다. 이러한 사회 문화적인 변화는 개인에게 자신을 드러내고자 하는 욕망을 부추겼고, 삶의 질적인 측면에 눈 돌리게 했다. 오늘날 수필의 확대는 이 같은 변화와 무관하지 않다. 지금의 사회 문화적인 환경은 수필이란 문학 장르가 활성화할 수 있는 가장 적합한 서식지를 제공해 주고 있다.

그러나 북적대는 활기 가운데에서도 현재 우리 수필문학이 안고 있는 문제는 적지 않다. 그 중심에 놓인 문제가 아마도 창작방법의 고정성과 단조로움이 아닐까 싶다. 이는 외적 환경 변화를 수용하여 내면화할 수 있는 내적 토대가 마련되지 못한 데에서 기인하는 것 같다. 즉, 수필의 문학적 고유성이나 창작방법에 대한 이론적 논의가 부족하다. 수필 창작을 평가하고 견인할 비평 행위가 절실히 필요하다는 말이다. 비평은 창작에 대한 진정성 있는 평가를 통해 오늘날 수필이 안고 있는 창작방법의 고정성과 단조로움을 극복하고, 창작이 나갈 새로운 방향을 제시해 줄 수 있어야 한다.

  이 책의 기획도 이러한 비평 작업의 필요성에 대한 인식에서 이루어졌다. 우리 수필 문단에는 한 해 동안 수필 전문지, 종합문예지, 문학동인지 등에 '수필', '에세이', '산문'이란 이름으로 엄청난 작품이 쏟아진다. 카페, 홈페이지, 블로그 등과 같은 사이버 공간까지 포함하면 현재 생산되는 수필류의 산문은 이루 헤아릴 수 없을 정도다. 그러나 이러한 양적 팽창은 수필이 그만큼 대중에 친숙하게 다가가 있음을 말해 주지만, 문학 작품으로서의 질적 수준과 건강한 산문정신을 담보해 주는 것은 아니다. 대중 생활문학으로 자리 잡아

가는 오늘의 우리 수필에 절실히 필요한 것은 바로 비평적 성찰을 통한 질적 수준 제고다. 이에 수필 비평은 작품을 해석하고 평가하여 좋은 작품에 박수를 보내는 격려의 작업으로만 끝나서는 곤란하다. 이 시대에 요청되는 수필 쓰기의 새로운 방법을 강구하고, 미래의 문학으로서 수필의 위상을 재정립하는 데 적극성을 가져야 할 것이다.

　수필의 외연은 아주 넓다. 넓은 의미의 수필은 일기와 기행문은 물론 각종 저널의 컬럼까지도 포함한다. 넓은 외연과 다양한 모습을 보여주고 있어, 수필의 기본 성격을 규정하거나 통일된 창작 원리를 확정하는 순간, 그것은 일부에만 해당하는 것이 되고 만다. 따라서 수필 비평에서 보편적인 평가 기준을 제시하기란 쉬운 일이 아니다. 여기에다 이론과 비평의 기반이 얕은 현실로서는 더욱 그러하다. 그러므로 현시점에서 수필 비평은 무엇보다 작품 평가에서 설득력 있는 가치기준을 정립하는 일에 관심을 쏟아야 할 것으로 본다.

　많은 작품 중에서 좋은 작품을 선별하는 일도 의미 있는 비평 작업의 하나다. 이는 독자에게 수준 높은 작품을 읽을 기회를 제공한다는 점뿐만 아니라, 수필가에게 유용한 창작방법의 실례를 제시한다는 점에서 그 의의가 크다. 이번에 처음으로 2011년 한 해 동안 발표된 수필 작품 중에서 좋은 작품을 골라 한자리에 모아보았다. 이 결과에 관해 모든 사람이 만족할 수는 없을 것이다. 획일적인 찬성보다는 오히려 논쟁적인 견해 차이가 수필 발전에 이바지하리라 본다. 이 작은 작업이 오늘 우리 수필문학에 대한 사랑으로 확대되기를 기대해 본다.

2012년 2월

선정위원: 이태동 · 유안진 · 신재기(글) · 박양근

차례

머리말 __ 신재기 / 5

『2012 한국의 좋은 수필』 발간 취지 __ 박양근 / 263

『2012 한국의 좋은 수필』 선정 경위 및 선정 이유 __ 이현승 / 266

제1부. 입술에 대해 말해 볼까

입술에 대해 말해 볼까 / 최민자 ··· 15
더이상 쿨하기 싫어졌어 / 신성원 ··· 23
블로그를 닫으며 / 김형중 ··· 28
힘을 빼라 / 박헬레나 ··· 31
나에게 말걸기 / 김미원 ··· 35
아니무스 / 정여송 ··· 39
싸움의 기술 / 배혜숙 ··· 43
문지방 / 김경아 ··· 49
비닐우산 / 정진권 ··· 53
오이지와 무짠지 / 이경수 ··· 57
부러진 기타 / 김애양 ··· 61

제2부. 썩지 않는 기억들

아들 완성법 / 정희승 … 69
골목길 풍경 / 김녹희 … 73
옹이 / 권예란 … 78
복어와 북어 / 주인석 … 81
매듭 / 최해숙 … 86
썩는 것은 모두 아름답다 / 김원순 … 92
역시 내 아들 / 김인기 … 97
빈 봉투 / 김영희 … 102
카운트다운 / 문혜영 … 106
구름 속에 머문 기억 / 조헌 … 110

제3부. 그렇게 죽었다 나는

준비도 없이 / 윤정혁 … 117
이방인(異邦人)의 슬픔 / 이태동 … 121
한선(寒蟬) / 박영자 … 127
숨절 / 김은주 … 131
봉식이의 딸기 / 이귀복 … 136
슬픔의 색깔 / 성낙향 … 143
…… / 이고운 … 147
호드기 / 강미나 … 153
어깨너머 / 최원현 … 158
편지 / 오세윤 … 163

제4부. 시력의 한계

몽유도원도를 들여다보며 / 김영만 … 171
시력의 한계 / 고봉진 … 176
원조 해장국집 / 심선경 … 182
두통 때문에 / 허창옥 … 187
이남박 / 윤남석 … 191
수필가의 변 / 김정화 … 196
해인(海印)의 달 / 장기오 … 200
목탁새가 둥지를 튼 까닭은 / 이경은 … 204
회전문(回轉門) / 염정임 … 209
도시의 비둘기 / 이정희 … 213

제5부. 밥그릇이라는 화두

장사는 아무나 하나 / 남명모 … 219
바보 바흠들 / 김옥순 … 223
황당과 당황 사이 / 김영옥 … 227
뚜벅이 황후 / 조후미 … 232
피아노 / 강기석 … 237
물꼬 / 배단영 … 241
괸돌 / 윤경화 … 246
나 혼자 바보 / 허지공 … 250
대명항 풍경 3 / 이명진 … 255
배꼽마당 이야기 / 신성애 … 260

제1부 입술에 대해 말해 볼까

입술에 대해 말해 볼까

숙녀들의 점심식사, 접시와 수다가 바닥을 보일 무렵, 한 친구가 가만히 손가방을 열었어. 물자와 정보의 빈번한 출입으로 칠이 벗겨진 나들목에 도색작업을 하려는 거야. 여자들이 모이면 제일 바쁜 것도, 행복한 것도 입이잖아. 매끈한 금속 케이스를 돌려 와인 빛깔의 립스틱을 밀어올린 친구가 고개를 살짝 숙이고는 초승달처럼 입꼬리를 올려붙였지. 화장도 하품처럼 전염성이 있는지 다른 친구들도 주섬주섬 파우치를 열고 제각기 거울을 들여다보기 시작했어. 차 가져왔어? 아니, 전철 탈거야. 몇 호선이야? 뭐 그런 하나마나한 말들을 주고받으며.

내일이면 잊으리. 또 잊으리. 립스틱 짙게 바르고……. 립스틱을 바르지 않으면 떠나간 사랑을 잊지 못하고 립스틱을 바르지 않고는 전철조차 탈 수 없는 여자들. 여자들은 왜 그리 립스틱에 집착할까.

선정적인 색조, 불온한 모양새로 손가락만한 캡슐 안을 들락거리는 수상쩍은 탄환 같은 그것에 말이야.

코코샤넬이 그런 말은 했지. 여자에게 가장 강력한 무기는 립스틱이라고. 맨얼굴로도 자신이 있을 만치 출중한 미모이거나 외모 따위는 안중에 두지 않기로 작정한 투사가 아니라면 무기 없이 전투에 임하긴 어렵겠지. 그 무기라는 게 창인지 방패인지, 산 채로 적을 나포하기 위해 잠깐 동안 눈을 멀게 하는 레이저 총인지는 알 수 없지만 말이야.

세상의 딸들은 화장하는 엄마 모습을 곁눈질하며 여자로서의 아름다움에 눈을 뜨는 것 같아. 로션을 바르고 분첩을 두드리면 돋을볕처럼 환해지는 얼굴, 그 밝음의 정점에 립스틱이 있어. 정성스레 분을 바르고 눈썹을 그려도 입술을 칠하지 않으면 안색이 화사해 보이지 않지만 꺼진 램프처럼 어두워 보이는 민낯도 립스틱만 발라주면 생기가 확, 살아 보이거든. 치마가 계집아이의 성 정체성을 표현하는 패션이라면 립스틱은 성인여자의 인증샷 같다 할까. 여자를 여자로 만들어주는 소도구, 일생 소녀에서 새댁, 엄마, 아줌마, 할머니 같은, 다양한 이름으로 살아내지만 립스틱을 바르는 나이 동안에만 명실 공히 여자로 사는지도 몰라. 그런데 잠깐, 궁금한 게 있어. 조물주는 왜 인간의 입 언저리에 선명한 테를 둘러두신 것일까, 그것도 왜 하필 불과 피의 빛깔, 벽사의 주칠로 테두리를 쳐 놓으셨냐 이거야.

먹고 살기 바쁜 세상에 별 생각을 다한다고, 할 일도 퍽 없는 모양이라고, 구시렁거리는 소리가 들리네. 맞아. 할 일이 썩 없진 않지만 그다지 쓸모 있는 생각은 아닌 거. 하지만 이렇게 생게망게한 어리보기도 있어야 꽉 막힌 세상에도 숨구멍이 트이지 않겠어? 너무 똑똑해서 쓸 데 있는 생각만 하고들 사니 각박해서 살맛이 나느냐 말이야. 이만큼 살아보니 알겠더라고. 살맛이라는 건 먹고사는 일과는 별 상관이 없는, 쓸 데 없는 생각 근처에서 발생한다는 걸. 문학이니 예술이니 하는 것도 봐. 다 숫자나 효율에 매욱한 사람들이 세상의 도린 곁에서 깜냥대로 주물러 내놓는, 쓸모와는 거리가 먼 수제품들 아니야? 그래도 그 쓸모없음의 쓸모, 무용의 유용이 우리를 위로하고 쉬게 해 주잖아. 하긴 그것도 운 좋은 소수의 이야기일 뿐, 대부분은 그저 무용의 무용, 쓸모없음의 쓸모없음에 쓸쓸해하며 스러져 버리고 말지만 말이야.

이야기가 잠깐 옆으로 비꼈네. 이치와 당위를 따지려 들고 구구절절 변명이 늘어지는 시, 빈명할 수 없는 노화현싱이지. 아무녀나, 신이 인간의 입술을 항구적 원천적으로 화장시켜 두신 데는 그럴 만한 곡절이 있을 것 같아. '여기는 그대가 평생 먹여 살려야 할 걸 신께서 은거하는 동굴 입구니라. 삼시 세 때 받들어 모시며 문안을 게을리 하지 말지어다.' 하는, 준엄한 신탁의 표지였을까. '오로지 입을 지켜라, 입에서 나온 말이 몸을 태우니 입은 몸을 치는 도끼요 찌르는 칼이니라' 하는, 눈 코 입 문드러진 이무기 한 마리가 하반신이 묶인 채 들앉아 있는 위험천만한 늪이라는 적색 경고일까.

사람의 얼굴에는 터진 구멍이 여럿 있지만 다른 것들이 나 외부의 자극을 수용하고 전달하는 점잖고 수동적인 처소인 데 반해 입은 적극적 능동적인 편이지. 먹고 마시고 숨 쉬는 외에 표정과 목소리로 희로애락을 드러내고, 사람과 사람 사이에 길을 내기도 하니까. 사랑이 눈에서 시작된다 하지만 사랑도 실은 입술에서 시작돼. 마주쳐 스파크가 일어난다 해도 눈과 눈은 물리적으로 포개지지도, 화학적으로 스며들지도 못하잖아. 도발적인 평화와 평화로운 도발이 사이좋게 공존하는 인간의 입술, 그 입술이 눈이 점찍은 대상을 향해 부드럽게 이완되어 귓바퀴를 향해 들려 올라가고, 그렇게 자주 마주 서면서 물길 불길을 이어붙이지 않으면 사랑이라는 역동적인 서사는 결단코 이루어질 수가 없어. 가슴과 가슴을 맞대고 포옹해도 심장끼리는 절대로 포개지지 않는 법이어서 그렇게 서로 입술과 입술을 견주어 상대를 면밀히 재단해보려는 것 같아. 그 방법밖에는 제 안에 유숙하는 영혼의 몸피를 가늠해 볼 방책이 없을 테니까.

　육신보다 정신의 우위를 믿고 싶어 했던 젊은 날에는 사랑하기 때문에 닿고 싶은 걸 거라고 불가해한 욕망을 합리화하기도 했었지. 요즘은 아니야. 사랑이라는 감정은 육신의 해부학적 구조와 감각적 욕구를 충족시키기 위해 후천적으로 진화된 특질이 아닐까 하는 의혹이 일기 시작했거든. 종족보존을 지상목표로 하는 생명체는 건강한 자손을 생산하기 위해 냄새와 느낌으로 서로의 페로몬을 감지하려 했을 테고, 그 방편으로 포옹이나 키스 같은 신체적 접촉이 생겨났을 거야. 총이 있으면 쏘고 싶고 주머니가 있으면 채우고 싶은 게 인간의 본성 아니겠어? 그리저리하여 찰나적 충동적으로 맞추어진 사개를 돈독하고 끈끈하게 이어 붙여놓아야 종족 양육에 안정적일 터여서 심리적 접합기제가 불가피해진 거지. 어쨌건 그렇게 양국 사이에 자유무역협정이 체결되고 나면 절차 없는 문물교역이 이루어지고 역사적 현실적 책임이 따르는바, 사안의 중대성에 비추어 중차대한 전략적 관문에 빨간 똥그라미 두 개쯤 겹으로 둘러쳐둘 필요가 있었을 거란 얘기야.

쓸 데도 없고 골치만 아픈 생각을 왜 하고 사냐고? 나도 몰라. 에테르처럼 날아오르는 상상력이나 말랑말랑한 감상이 애초 내 것은 아니었어도 어쩐지 자꾸 삭막해지는 느낌이야. 무미한 사변과 경직된 관념만 모래알처럼 서걱대고 있으니…… 누군가가 그랬어. 관능의 부재라고. 관능…… 좋은 얘기지. 그러고 보니 생각나네. 전철 앞자리 풋풋한 아가씨의 귓불 아래 선명하게 찍혔던 인주 자국이. 시치미를 떼는 건지 모르는 건지 당사자는 정작 아무렇지 않은데 뭉개진 꽃잎 같은 쾌락의 환부에 내가 외려 당황했었지. 대체 어떤, 열에 달뜬 부룩송아지 녀석이 전인미답의 처녀지를 저리 함부로 도발했을까 . 그리디 문득 무릎을 쳤이. 자비로우신 하느님! 하느님은 정말 사려 깊으시네요, 내심 경탄을 하면서 말이야. 남녀 사이, 성마른 욕정의 흔적을 표 안 나게 감추어주고 싶은 마음으로 신께서 요소요소마다 붉은 물감을 칠해 두셨을 거라는 생각이 그제야 퍼뜩 떠오른 거야. 호오, 기막히지 않아? 요소요소마다, 그 섬세한 배려심이라니.

그런 친절을 무시하고 아무데나 화인(火印)을 남발하는 센스 없는 남자들도 문제지만 여자들에게도 문제는 있어. 왜 굳이 붉은 테 위에 붉은 칠을 더하여 무구한 님징네를 유인하느냐 이서야. 유인이란 말, 그렇긴 하네. 여자들이 입술을 바르고 화장을 하는 것이 대남(對男)공작용은 아니니까 말이야. 화장은 남 보라고, 아니 남자 보라고 하는 게 아니잖아. 화장은 일단 나 보려고 하지. 꽃을 찾아오는 게 꽃이 아니라 나비라 해도 꽃이 나비를 위해 피는 건 아니니까. 꽃은 스스로를, 꽃을 위해 필 뿐이야. 제멋에 피고 제멋에 진다고. 다만 나비를······ 이용할 뿐이지. 물고 물리고 이용하고 이용당하는 존재와 존재 사이의 서사, 삶이란 결국 두 타자 사이의 틈새, 그 '사이'의 일 아닐까.

터질 듯 팽팽하고 도톰한 입술을 가진 여배우가 꽃잎 같은 입술을 반쯤 열고 광고판 안에서 헤프게 웃고 있어. 반투명의 탱탱한 과피 안쪽에 얼비쳐 보이는 흥건한 과즙, 톡, 터뜨려 빨아먹으면 입 안 가득 단물이 괴어 문문히 녹아내릴 것 같은 고혹적인 입술 뒤에는 상업주의와 결탁한 말초적 관능, 거부할 수 없는 치명적 유혹이 은밀하게 구조화되어 있지. 아름다운 것에는 독이 있는 법, 명심해. 금단의 열매를 따 먹은 원죄가 사악한 뱀의 흉계라 하듯이 이 또한 배후가 있을지도 몰라. 신과 맞장을 뜨고 싶을 때 악마는 여자를 이용하잖아.

'키스를 부르는 입술'이라는 간지러운 카피 때문이 아니라 화사한 빛깔들의 향연에 매혹되어 나도 가끔 화장품 매대 앞에 서지. 날렵하게 줄 맞추어 서 있는 꽃각시들을 보면 핫핑크나 피치오렌지 같은, 한 번도 도전해보지 않은 색깔에조차 유혹을 느끼곤 해. 어느 신묘한 마법사가 잠든 여자들의 꿈속으로 잠입해 들어가 순정한 설렘과 아슴아슴한 기억, 때 묻지 않은 상상들만 훔쳐갖고 와 비밀스러운 공정으로 추출해 낸 안료 같거든. 여자들에게 화장은 물질화된 몽환 같은 거야. 소멸해버린 시간과 다가올 시간을 동시에 거느리고 있는.

 돋보기를 끼지 않고는 메뉴판도 못 읽고 금세 들은 이야기도 삼분 안에 까먹어 버리는, 겉만 멀쩡한 여자들이 전철 의자에서 흔들리고 있어. 아니, 아니지. 오랜만에 만나도 하나도 안 변했다고, 어쩌면 옛날 그대로냐고 살갑게 위로를 건넬 줄 아는, 속도 따뜻한 친구들이야. 아무도 후하게 봐 주지 않고 누구도 위로해주지 않는, 삶의 변곡점을 넘겨버린 여자들은 그렇게 서로 괜찮다 괜찮다 아직은 그래도 봐줄 만하다…… 곰비임비 최면을 걸어가면서 애써 용기를 돋우지 않으면 우울증에 빠져버리기 쉽거든. '날카로운 첫 키스의 추억' 따위는 까마득히 잊어버린 여자들의 입술, 그 입술 위에 노을빛으로 덧입혀진 질료는 순하게 스며들지 못하고 번들거리며 슬프게 빛나지. 대상과 조응하지 못하고 불화하는 오브제일수록 물성 자체의 빛깔과 광택으로 스스로의 발언권을 행사하는 것이어서 붉은 잎새들이 발산하는 현란한 침묵이 전철 안에 낯설게 흥성거리고 있어. '이 여자들 괜찮아. 아니 멋지다고. 서리 맞은 가을 잎이 이월 꽃보다 더 붉다(霜葉紅於二月花)는 말 몰라?'

 건너편 친구가 다음 역에서 내리려는지 환하게 웃으며 손을 흔들어주네. 여자가 웃을 때 세상은 평화로운 천국이 되지만 양 입술을 앙다물어 봉인하거나 폭포수처럼 독설을 쏟아낼 때, 사랑도 평화도 물 건너가고 말지. 셈 밝은 남자들은 알고 있을 거야. 여자 말을 잘 들어야 자다가도 떡을 얻어먹는다는 설. 속살이 훤히 내비치는 토마토나 탱글탱글한 앵두가 아니어도 여자의 입술은 주목할 필요가 있다는 것을. 소나비와 땡볕을 온몸으로 받아내며 아리고 떫은 맛을 무르익은 단맛으로 숙성시켜온 늦가을 홍시 같은 여자들의 입술이 무얼 말하는지, 언제 어디서고 귀 기울여 들어야 한다 이 말씀이야.

최민자 : 1998 《에세이문학》 등단. 현대 수필 문학상. 구름카페 문학상 수상.

더 이상 쿨하기 싫어졌어

"선배는 참 쿨해요. 멋져요."
"성원이는 역시 쿨하잖아."

아주 오랫동안 '쿨하다'라는 단어는 나를 설명하는 수식어가 되어 왔다. 지인들은 모두들 나를 쿨한 사람으로 인식하고 있었고, 언제부턴가 '신성원=쿨한 여자'의 등식이 성립한 듯했다. 사실 나도 쿨하다는 말이 싫지는 않았다. 쿨하다는 것은 군더더기 없이 깔끔하고, 얽매이지 않아 자유로우며, 감정에 휘둘리지 않고 냉정한 객관성을 유지한다는 의미였기 때문이다.

예를 들어 이현승 감독의 〈그대 안의 블루〉(1992)는 일과 사랑 사이에서 갈등하는 현대 여성의 딜레마를 세련되고 감각적인 영상으로 다뤘다는 점에서 쿨한 영화로 평가받았다. 1948년부터 유행하기 시작한 냉정하고 내성적인 느낌의 모던 재즈의 한 장르인 쿨재즈(cool jazz)는 억제하는 듯한 정적인 연주 스타일로 지적인 매력을 풍기며 인기를 모았다. 그런가 하면, 텔레비전은 적은 정보만을 제공하고도 여러 감각을 활용해서 수용자의 참여와 이해의 폭을 넓히는 매체이기 때문에 쿨 미디어(cool media)라고도 한다.

이는 사람에게 적용해도 마찬가지다. 쿨한 사람은 세련되고 멋진 사람이다. 쿨하게 사랑하는 사람은 만날 때 즐겁고 구속하지 않으며 헤어질 때도 찐득찐득 거리지 않고 아파하지 않는다. 쿨한 사람은 자신이 맡은 일도 깔끔하게 처리하고 어떤 일에도 흥분하지 않으며 냉정함을 잃지 않는다. 남의 눈치를 보지 않고 자신이 하고 싶은 대로 제 갈길을 간다. 타인에게는 무관심한 듯한 눈길 한 번 보내는 게 고작이다. 그런가 하면 인생을 즐길 줄 알고 여유로워 보이기 때문에 절대로 무엇에 집착하지 않을 것 같다.

한없이 멋지고 강해 보이기만 하는 이런 쿨한 사람들의 내면을 파고 들어가 보면 곪을 대로 곪아서 터져 버리기 일보 직전의 상처가 자리 잡고 있다는 걸 깨달은 것은 얼마 되지 않았다. 차라리 빨리 터져 버리면 그만큼 빨리 아물 텐데, 그걸 모르고 미련하게 참고 있는 상처를 가리고 숨기느라 그런 것이다. 아픈데도 아픈 티 내지 않으려 하고, 슬픔이 밀려와도 눈물 한방울 흘릴 줄 모르며, 분노가 머리끝까지 차올라도 애써 억누르다가 영영 마음속의 감정들을 적절하게 표현할 줄 모르는 사람이 된 것이다.

감정을 드러냈을 때 닥칠 상황들을 어떻게 감당해야 할지 몰라 두려웠던 것일 수도 있다. 이미 들어차 있는 상처를 인식하지 못하고 인간관계에서 상처받지 않겠다는 의지의 발현이며, 사회생활을 하면서 혹시라도 겪을지 모를 좌절감으로부터 스스로를 보호하기 위한 방어 장치라고 한다. 이런 삶의 태도를 어느 심리학책에서는 '역설적 초연함'이라고 정의하기도 했다.

나의 이른바 '쿨한' 성격은 아주 어릴 때부터 시작되었던 것 같다. 다른 사람들에게 폐 끼치거나 남들을 불편하게 하는 일을 극도로 싫어했던 나는 심지어 한 번도 부모님께 용돈을 달라는 말을 해 본 적이 없었다. 그렇다고 정기적으로 용돈을 받는 것도 아니었다. 가난하지는 않았지만 그렇다고 부잣집 살림도 아니라는 걸 알았기 때문에 나라도 내 하고 싶은 것 하자고 부모님께 징징대서는 안 된다고 생각했다.

맏딸이라서 그랬는지 어린 나이에도 꽤 어른스러운 생각을 했던 것 같다. 친구들과 군것질도 하고 싶고, 당시에 유행했던 나이키 운동화도 사달라고 하고 싶고, 프릴 달린 분홍색 원피스도 입고 싶었지만 절대로 먼저 해달라고 요구하지 않았다. 거절당하기도 싫었고, 거절당하는 순간에 상처받는 것도 싫었기 때문이리라(습관이 된 탓인지 나이든 지금까지도 남들에게 부탁하는 건 여전히 어렵다). 어렸지만 그딴 것쯤 없어도 괜찮다는 태도로 늘 '쿨함'을 유지했었다.

이렇게 어릴 때부터 표현하는 법을 모르고 마음속으로 꾹꾹 눌러 담고 참는 법만 어릴 때부터 훈련해서일까. 기분 좋은 일이 있어도 마음껏 웃어본 적이 없었고, 슬픈 영화나 드라마를 봐도 눈물을 흘리지 않았다. 경치 좋은 곳에 가도 충분히 감동하지 못했고, 분명히 화를 내야 하는 상황이 되어도 끝까지 참았다. 좋게 말하면 침착하고 시크하고 쿨한 거였지만, 사실은 미치도록 좋았고, 너무나 슬펐고, 크게 감동했고, 죽을 만큼 화가 났음에도 겉으로 냉정을 잃지 않는 멋진 사람으로 보이고 싶었던 것뿐이다.

최근 오랜만에 말이 잘 통하고 생각이 비슷한 친구를 한 명 만났다. 사회에서 만났지만 이해관계를 따지지 않고 마음을 터놓아도 좋겠다 싶었다. 꽤 자주 함께 시간을 보내면서 남들에게는 한 번도 하지 않았던 고민도 드러내놓고, 가족들에게조차 숨겼던 속내도 털어놓았다. 그녀는 묵묵히 내 이야기를 들어줄 뿐 아무런 충고도 하지 않았다. 진심어린 충고가 때로는 도리어 상처가 될 수 있음을 잘 알고 있는 나는 옅은 미소를 띠며 듣기만 하는 그녀를 더욱 신뢰했다.

그런데 그녀의 모습은 언제나 같았다. 너무나 똑같기만 했다. 내 얘기만 들어줄 뿐 자신의 이야기는 하지 않았다. 때로는 내 편을 좀 들어주기를 바라며 꺼낸 이야기에도 지나치게 객관적이었다. 옆에 있긴 했지만 곁을 주지 않았다. 항상 적당한 거리를 두고 지나치게 가깝지도 너무 멀지도 않게 대했다. 그 거리감이 의식되자 함께 있기가 불편해졌다. 사실은 그런 그녀의 모습은 얼마 전까지의 내 모습이기도 했다. 날 너무나 닮은 그녀에게서 나를 발견했기 때문에 불편했던 것이다. 아전인수격으로 순전히 내 처지에서만 생각하면 그것은 객관적이면서도 냉정한 '쿨한' 자세였지만, 막상 나를 꼭 닮은 그 친구 옆에 있고 보니 그 동안 내가 너무 이기적이었다는 걸 깨달았다.

상처받기 싫어서, 구질구질하기 싫어서, 표현해 버릇하지 않아서 '쿨'한 척하며 살아왔지만 그래도 상처받을 만큼 받았고, 지독하게도 구질구질했고, 표현하지 않아서 사람을 잃기도 했다. 대단한 찬사처럼 느껴졌던 '쿨하다'는 말은, 너와 나 사이에는 그만큼의 차가운 거리가 있다는 얘기였다는 걸 이제야 깨달았다. 너무 늦었지만, 지금이라도 '쿨한 사람'이길 포기하고 싶다. 많이 아플 것을 각오하더라도 인생의 희로애락을 순간순간 마음껏 표현하며 살아갈 것이다. 눈물 콧물 질질 짜더라도 누군가의 인생에 깊이 개입해서 함께 울고 웃을 것이다. 조금 불편할지라도 내 곁을 충분히 내어 주고 '핫(hot)한' 가슴을 나누며 지낼 것이다.

신성원: KBS 아나운서 공채 24기.

블로그를 닫으며

 읽고 쓰는 게 일이다 보니, 하루 중 컴퓨터 모니터 앞에 앉아 있는 시간이 가장 많다. 날이 갈수록 이른 노안에 시력도 안 좋아지고, 오래 앉아 버틸 만한 지구력과 집중력도 떨어진다. 그러다 보니, 눈을 쉬게 해준다는 핑계로 여기저기 남들이 지어 놓은 웹상의 집들에 들락거리다가, 나도 한 번 해볼까 싶은 마음에 블로깅을 시작한 것이 한 2년 쯤 전이다. 처음엔 그저 소박하게 읽은 책들의 몇 구절들, 듣다 좋아지는 음악들, 문득 떠오르는 단상 몇 문장들이나 올려놓을 생각이었는데, 관성이 생기고 재미를 붙이다 보니, 취미로 찍은 사진도 올리고, 문학작품이나 영화에 대한 리뷰도 올리고, 어떤 날은 누가 읽거나 말거나 마음속 내밀한 감정 같은 것도(대개 취했을 때다) 쏟아내곤 하게 되었다. 다음 수순은 물론, 조회수 강박증이다. 조금씩 늘어나는 방문자들과 안부 나누는 횟수가 늘자, 댓글은 얼마나 달렸는지, 누가 다녀갔는지, 오늘은 조회수가 얼마나 되는지 자꾸 염탐하고 확인하는 것이 거의 규칙적인 일상이 되어버렸다. 어떤 날은 블로그가 내 일상을 지배한다는 느낌마저 들곤 했다. 굳이 변명하자면, 외로웠던 모양이다.

종종 어떤 블로그에 들어가 보면, 심사를 거슬리게 하는 댓글들 밑에 달린 주인장의 답글들 중 흔히 눈에 띄는 문장이 있다. '이곳은 사적인 공간입니다. 싫으시거든 나가 주십시오'. 하긴 블로그를 두고 웹상에 쓰는 일기라고 정의하기도 하는 걸 보면, 저 말이 딱히 틀린 말은 아닌 듯도 싶다. 그런데 종종 의문이 들 때가 있다. 그 많은 블로거들은 왜, 사적인 이야기를 웹상에서 하는 것일까? 웹 공간이야말로, 인터넷 망에 접속 가능한 지상의 누구나가 다 잠재적 독자인 공간인데, 왜 하필 거기서, 자신의 가장 내밀하고 은밀한 고통과 우울과 기쁨을 발설하는 것일까? 블로그는 정말 사적인 공간일까? 그런 블로거들을 대신해 변명하자면, 역시나 외로웠던 모양이다. 익명이 주는 안도감을 빌미로 모니터 너머에 있는 아무나에게 말 걸고 싶을 만큼은.

200개 넘는 포스트들이 올라 있던 블로그를 어제 닫았다. 그 안에 옮겨놓은 음악도, 사진도, 글도 많이 정들었고, 다니던 이웃 블로거들과도 정들었는데, 아쉬움이 없다면 거짓말이다. 습관적으로 입력창에 블로그 주소를 쳐 넣어 보기도 한다. '존재하지 않는 블로그입니다'. 클릭 한 번으로 4년의 시간이 날아가 버린 듯한 허망함도 있다. 그런데 한편 시원하기도 하다. 종종 그 안에서, 일상을 과장했고, 우울을 과장했고, 고통을 과장했다. 사진을 예쁘게 편집했고, 달

착지근한 음악으로 호객행위를 했다. 보여준다는 것을 가정하는 이상, 마치 언어가 비분절적인 감정을 분절하듯이, 블로그는 삶을 심미화하고 감정을 그럴듯하게 포장한다. 실제와 다르게 나를 정의롭게 하고, 분노하게 하고, 무엇보다도 존재론적 고독을(나도 현대인이다) 가상의 친밀함으로 위안 받게 한다.

그런데 이제 블로그를 닫았으니, 사진들은 포장의 용도에서 해방되었고, 음악은 오로지 내 귀를 위한 호사가 되었고, 글로 감정을 과장하지 않아도 좋게 되었다. 다만 외로움이 남았는데, 그러나 종종 대면해서 이겨내야 하는 것도 있는 법이다. 안녕, 〈문자들의 카타콤〉!

김형중 : 문학평론가. 조선대학교 국어국문학과 교수.

힘을 빼라

낯선 장소에 가려면 마음부터 긴장한다. 마음을 따라 몸에도 힘이 산뜩 들어간다. 생소한 분위기에서 느끼는 일종의 자기 방어본능이라고 할까. 어디가 출발점인지 모르는 그것은 낯가림이 심한 사람을 더더욱 경직시킨다.

건강에 빨간불이 번뜩거리자 운동을 해야 한다며 온 집안이 난리다. 주위의 권유에 떠밀려 집 근처에 있는 주민 센터를 찾았다. 탁구를 배우기 위해서였다. 건강을 위해 운동 한 가지는 해야겠다며 전부터 벼르고 있던 일을 실행에 옮긴 것이다. 너무 늦은 시작, 삶을 영위하는 데 있어 나는 언제나 습관적인 지각생이다. 결혼이 그랬고 글쓰기 공부가 그랬나. 모든 것이 그런 식이다.

라켓을 잡는 일부터 쉽지 않다. 굳을 대로 굳은 몸과 나사 풀린 마음이 따로따로 논다. 까투리 알 만한 공 하나도 마음먹은 대로 다루어지지 않는다. 손목에 약간만 더 힘을 주어도 테이블 너머로 공이 날아가 버리고 조금만 힘을 줄이면 네트를 넘어가지 못한다. 공 주우러 다니는 일에 시간과 힘을 다 빼앗긴다. 그만둘까도 생각했지만 시작한 일을 중도에 포기한다는 사실은 알량한 자존심이 허락을 않는다.

"박헬레나! 손목에 힘 빼라."

멀찌감치 서서 지켜보던 한 남자회원이 일갈(一喝)한다. 그의 다그침에는 안타까움과 염려도 섞여 있다. 그는 구장 구석구석을 누비며 초보자에게 조언도 하고 공도 주워주며 농담을 잘 하는 분위기 메이커다. '아차!' 그때야 내 손목에 힘이 잔뜩 들어가 있음을 알아차린다. 그가 내 필명을 기억하는 건 신문에 연재한 칼럼 때문인지 내가 워낙 꺼벙이처럼 어리뜩해 보여서 눈에 띄었는지 잘 모르겠다.

우리 삶의 과정에서는 어깨에 힘 빼는 일이 참 어려운 공부다. 기쁜 일이 있거나 자랑스러운 일이 있을 때는 몸 안에 저절로 힘이 생기고 그것이 어쩔 수 없이 밖으로 넘쳐 나온다. 지난날 그로 해서 이마 찌푸릴 일도 더러 겪었으나 이제 그것을 자연스러운 현상으로 이해할 수 있게 되었다. 그것은 역으로 나 스스로가 힘을 통제할 능력을 잃어버렸다는 뜻이기도 하다. 힘 빼기 논리는 탁구에서도 마찬가지다. 번번이 주의를 들어도 아직도 손목에 힘이 들어가 공이 제자리로 가지 않는다. 팔에는 힘을 빼고 어깨로 밀려는데 굳은 손목이 먼저 나간다.

아는 것이 힘이라지만 나는 여기서 아는 것이 아무것도 없다. 탁구를 모르고 사람을 모른다. 이곳 분위기도 낯설다. 왕초보인 주제에 결석은 밥먹듯 한다. 이곳에서 가장 힘 있는 사람은 공을 잘 치는 사람이다. 그런데도 정작 몸에 힘이 잔뜩 든 사람은 나다.

똑딱똑딱 공 부딪는 소리가 경쾌하다. 눈에 보이지도 않을 정도의 초고속 공을 능란하게 받아넘기는 사람들을 경탄의 눈으로 바라본다. 신기하다. 그야말로 신기(神技)에 가깝다. 시작한 지 수개월이 지난 지금까지도 나는 아직 손목 힘빼기 공부에 매달려 있는데 그것이 뜻대로 잘 되지 않는다.

비단 손목뿐이겠는가. 나의 무의식 속에 숨어 있는 온몸의 힘, 그것은 목과 어깨와 허리를 들락거리며 때와 장소에 따라 자동으로 날을 세운다. 허리를 꺾고 몸을 낮추는 일이 도(道)로 나아가는 길이려니 힘을 뺀다는 것이 쉽기만 하겠는가. 끝없이 정진해야 할 먼 길이다. 정신을 바짝 차리고 팔의 근육을 느슨하게 풀어본다.

봄 햇살이 창으로 쏟아져 들어온다. 잠자던 생명이 깨어나는 소리로 봄이 오는 길목은 늘 부산하다. 힘이 약동한다. 구장 안의 열기도 그에 못지않게 뜨겁고 분주하다. 주거니 받거니 난타를 하는 사람, 치고 빠지며 게임에 열중하는 사람들, 공 튀는 소리에 섞여 까르르 웃음소리도 터져 나온다. 땀방울이 튀고 에너지가 넘친다. 나의 탁구는 아직도 초보단계에서 허우적거리고 있다. 공이 테이블 위에 떨어져 주는 것만으로도 만족해야 할 수준이다.

움직인다는 것은 살아 있음의 명백한 징표다. 힘은 움직임의 원천이다. 그 에너지를 적시에, 적소로 공급하는 일이 지금 내게 부여된 숙제다. 적절한 견제와 고른 분배, 힘을 다스리는 원리다. 비단 탁구에서뿐이랴. 힘을 빼고 몸을 낮추어 마음을 바닥에 놓는 일, 때와 장소에 맞춰 나아가고 물러서는 일은 항상 유념하여 지니고 가야 할 덕목이건만 잠시 방심하면 손목이 굳어지듯 마음이 곧추선다.

　마음 다잡고 팔의 힘을 빼고 허리를 돌려 어깨로 공을 밀어본다. 의외로 공이 제자리에 놓인다. 기본에 충실해야 사물이 제자리를 찾아 앉는다는 진리, 공식이란 것이 공연히 생겨 있는 법이 아니란 깨침이 가슴을 열고 들어온다. 눈을 크게 뜨고 보면 우리 사는 세상 도처에 지혜가 숨어 있고 스승이 널려 있다. 손목 힘 제로 상태, 지금 내가 정복해야 할 산이다.

　"힘을 빼라"

박헬레나: 2004년 《에세이문학》 추천완료, 2008년 부산일보 신춘문예에 수필 「바람」 당선.

나에게 말걸기

 나는 요즘 사춘기 소녀의 일기에 빠져 있다. 그녀의 내밀한 자기 고백을 읽노라면 내가 숨쉬고 있는 이 공간이 감사하고 내가 바라보는 것들이 아름답고 내 옆에 있는 사람들이 소중하게 느껴진다. 그래서 나는 그녀가 고맙다.

 그녀는 나치를 피해 은신처에 숨어 살며 13살 생일에 받은 일기장에 마음속의 비밀들을 털어놓으며 체포되기 사흘 전까지도 일기를 쓴 안네 프랑크이다. '신의 가호로 살아남는 일이 허락된다면 변변치 못한 인간으로 일생을 마치지는 않겠으며 꼭 세상을 위해, 인류를 위해 일하겠다' 던 그녀는 불행하게도 수용소에서 티푸스에 걸려 세상을 떠났다.

 1947년 네델란드에서 처음 발간된 『안네의 일기』는 75개의 언어로 번역되어 3,500만 부가 팔려나갔다(2007년 자료)고 하니 안네는 세계에서 가장 유명한 어린이가 된 셈이다. 내밀한 자기고백의 글인 일기가 세상에 공표되어 베스트셀러가 되었다니 아이러니이기도 하다.

나도 안네가 썼던 빨간 체크 무늬 커버의 일기장은 아니지만 컴퓨터에 일기를 쓴다. 마음이 기쁘거나 집에 일이 있을 때, 아무도 나를 위로해 줄 수 없을 것 같은 기분이 들 때 나에게 조근조근 이야기하듯 일기를 쓴다. 그러나 컴퓨터 자판으로 두들기는 일기는 건조하다. 때로 내 일기를 누가 볼까 하는 불안감도 살짝 잠재되어 있다. 너무 솔직하게 쓰다가 이런 것까지 써도 되나 하는 걱정도 한다.

어린 시절 일기 숙제는 고역이었다. 일기는 은밀한 자기 고백인데 나 아닌 선생님이 보신다고 생각하니 아무래도 포장이 될 수밖에 없었다. 때로는 선생님께 고자질하듯 친구와의 다툼을 적기도 하고, 내 자랑을 나열하기도 했으니 조금은 교활한 일기였던 것 같다. 그러나 그 일기장에서 선생님의 한 줄의 글이라도 발견했을 때의 감격이라니……

검열 받는 일기의 기억 때문일까. 단언컨대, 내가 써온 일기는 100% 정직하다고, 진실하다고 말할 수 없다. 그래도 그렇게 쓴 일기일지라도 훗날 펼쳐보면서 추억에 잠기고 내가 어떻게 이런 기특한 생각을 했을까 자신을 칭찬하기도 하고, 그 시절 나와 같이했던 얼굴들이 떠오르면서 어느덧 내 표정은 흐물흐물해진다.

사후 16,000쪽의 일기가 출간되어 유명해진 앙리 프레데릭 아미엘 (1821-1881년)은 일기의 본질을 잘 알고 있던 작가였다. 그는 『일기』에서 "일기는 고독한 사람의 마음의 친구이며, 위로의 손길이고 또

한 의사이기도 하다. 날마다의 이 독백은 축도의 한 형식이기도 하고, 혼과 그 본체와의 대화이기도 하며, 신과의 이야기이기도 한 것이다"고 했다. 일기는 자신에게 말을 걸며 자신의 상처를 스스로 치유하게 해준다.

다시 안네를 생각한다. 모르는 사람들에게까지 필요한 존재이고 싶고, 죽은 후에도 여전히 기억되고 싶다고 했던 그녀는 죽어 그 꿈을 이루었다. 그녀는 자신의 일기로 인해 '죽은 후에도 여전히 기억될' 줄을 상상이나 했었을까. 살아 있다면 우리 어머니 나이쯤 되는 그녀는 이 일기로 불후(不朽)하고 있다. 안네의 일기를 보며 기록의 지엄함을 깨닫는다.

어찌 보면 불후를 꿈꾸는 것조차 허망한 것인지도 모르겠지만 나도 불후를 꿈꾼다. 유명한 저술가도 아닌 평범한 나를 위로하는 글이 있다. 임어당과 동시대를 살았던 호적(胡適, 1891-1962)은 글 「불후(不朽)」에서 "고금을 통하여 칭송받아온 도덕이나 공적도 물론 불후하지만, 아주 범상한 언행을 비롯해서 기름이나 소금, 땔감, 쌀 등의 일상품, 우매한 지아비나 지어미의 자잘한 일, 일언일소의 단편들에 이르기까지 모두 불후"하다고 했다. 이렇게 보면 우리가 마주치는 모든 것들이 불후한 것이 된다.

결국 불후는 소통이 아닐까. 보통 사람인 나는 주위의 친구들, 지인, 자식들에게 내가 한 말, 행동, 또 함께 나눈 것들로 불후할 것이다. 많은 사람은 아니더라도 나를 알고 있는 사람들에게 좋은 기억으로 남고 싶다면 지나친 욕심은 아니겠지.

일기는 나와의 소통이다. 그러나 어느 시점이 되면 타인과의 소통이 될 수도 있다. 내가 이 세상을 떠난 후 자식들이 내 컴퓨터를 열어 엄마의 일기를 보며 내가 산 흔적이라도 알아줬으면 좋겠다. 한편 그들이 내 내밀한 감정들을 보고 혹 서운함을 느끼거나 적나라한 인간 '김미원'을 만날까 걱정이 되기도 한다. 그래서 어느 날 문득 창고에 보관하고 있던 일기장을 태우고 컴퓨터에 저장된 일기를 삭제할지는 모르겠지만 그래도 살아 있는 동안 일기를 쓰고 싶다. 가끔 들여다보며 내가 잘 살고 있는지, 내가 원하는 출발지점 각도에서 얼마나 멀어졌는지 되돌아보고 싶으니까.

이제 새해이다. 새 날, 새 각오를 일기장에 적을 참이다. 그리고 아주 솔직하게, 내 감정을 있는 대로 적어 나갈 생각이다.

김미원: 2005년 월간 ≪수필문학≫에 「사이비」로 등단.

아니무스

　내 안에 한 남자가 있다. 그 남자는 이병헌처럼 멋지지도 않고 전유성 같은 유머와 위트를 지니지도 못했다. 타이거우즈마냥 신외 기술을 훔친 남자는 더더욱 못 된다. 약간 화통한 것 같으면서도 좁쌀뱅이 남자다.
　그래도 나는 그 남자가 어린아이와 같은 순진무구한 마음으로 물어볼 줄 아는 남자였으면 했다. 희끄무레하고 누리끼리하며 푸르뎅뎅하고 불그스름한 세상을 볼 줄 아는 남자라면 더 좋겠다고 생각했다. 다름과 차이가 만들어가는 다양성이 내는 소리를 들을 줄 아는 남자이기를 소원했다. 사소한 일상에서도 자신의 고민을 해결해 줄 아이디어를 찾는 남자라면 대길이었다. 하지만 그 모두는 허황된 바람이었다.
　그 남자는 스스로가 누구인지도 잘 모르면서 융통성 없이 따지기만 했다. 그런가 하면 과거로만 문을 열고 닫으려고 할 뿐이었다. 나중에는 뒷전도 못 되고 먼저가 되어 전전긍긍 하였다. 다행스러운 것은 까다롭지만 통제가 가능해 끌어안고 살 수 있었다.

초등학교를 졸업하기 전까지만 해도 그 남자는 늘 기가 살아 있었다. 사춘기로 접어들면서 점점 나의 기세에 눌려 존재감마저 확인하기 어려운 처지로 내몰렸다. 그러나 그렇게 무시하고 저버려도 사라지는 것은 아니었다. 아리아리 멀기에 닿을 수 없을 것 같은 곳에서, 영원히 헤쳐 나올 수 없는 무저갱 같은 곳에서 본능을 숨기며 사십 년 동안이나 아롱졌다. 그러니 어떠한 시선조차도 받지 못하는 것은 당연하였다. 그 남자와 더불어 살던 과거는 이미 오래된 미래였다.

언제부터였는지는 확실치 않다. 그 남자의 움직임이 보이기 시작했다. 도대체 먼지같이 눈에 띄지 않던 그 남자가, 조용하다 못해 고요하기까지 했던 그 남자가 아주 가끔 언뜻언뜻 비치더니 행보를 강행했다.

큰 그루의 나무처럼 푸른 그늘을 만들고, 나무의 곳곳에 깃을 드리우듯 가지를 펼쳤다. 때로는 바람보다 먼저 일어나는 김수영의 '풀'처럼, 더러는 무서운 기색도 없이 쏟아지는 폭포와도 같이, 가끔은 스스로 도는 팽이라도 된 듯 과감하게 본색을 드러내었다. 어쩌면 서로 간에 이해관계를 조율하려는 심사였는지도 모른다. 신뢰를 높여 상호이익을 극대화하려는 의도였지 않을까 싶기도 하다. 나를 보호하겠다는 명목으로 힘을 쏟아보려는 속셈일 수도 있다. 그런데 나는 어쩌자고 '하이고 가소로워라' 하며 비아냥대고 싶은 유치한 욕망이 생기는 것일까.

그 남자는 아니무스다. 내 안의 무의식 속에 잠재되어 있는 남성성. 위기의 순간에 강인한 결단력을 분출하는 남성적 요소. 내 남은 삶에 힘이 되어 줄 남자. 그 남자가 세월을 뛰어넘어서 내게로 되돌아왔다. 내가 나를 버린다 해도 나를 포기하지 않을 태세다. 감사하고 또 감사할 일이다. 그 남자 덕분에 나는 많이 대범해졌다. 정의감이 생기고 올곧고 당당해졌다. 활동 면에서나 생각하고 판단하는 일에서 젊었을 적에 남편이 보여주던 남자다움을 따라하고 있다. 처음에는 같이 살아서 닮은 줄 알았다. 나중에는 배워서 습득한 것 같기도 했다. 그런데 천만의 말씀이다. 아니무스가 장성하여 내 안에서 게이머처럼 키를 쥐고 조정을 하고 있는 것이다.

그 남자는 일부러 숨죽여 살아온 것이 아니었다. 하고 싶은 말과 할 수밖에 없는 일을 참고 또 참았다. 긴 숨의 힘을 누르며 죽은 듯이 기다렸다. 내가 생각하고 기대하고 원했던 남자로의 변신을 추구하는 데 세월이 걸렸다. 아무도 모르게 건장해진 그 남자는 혜성처럼 나타났다. 지천명을 넘긴 아줌마가 아직도 영화 속의 여주인공을 꿈꾸느냐고 코웃음을 쳤다. 무엇을 더 찾겠다고 여자이길 포기하지 않느냐며 거들먹거렸다. 지금까지 살아오면서 보고 듣고 겪은 일들로부터 받은 지혜가 백만 광주리도 넘을 터인데 순리를 따돌릴 거냐며 비웃었다.

그렇다. 내가 나를 위해 할 수 있는 일은 점점 약해지고 작아진다. 용케도 알아본 그 남자가 무쌍하게 나타나 나의 흑기사 노릇을 톡톡히 하고 있다. 내 안의 또 다른 앗살하고 남자다운 나. 같잖고 못마땅한 일을 벌려도 정으로 갈무리해 주고, 말이 싫고 미워도 같은 맘이 되어주며, 무기력하고 나태해지는 생각에 의지를 부어준다.

  어렵고 힘들어도 같이 걸어가야 할 관계임을 보여주듯 내 안의 그 남자가 어깨를 툭 치며 싱긋 웃는다. 나도 눈을 찡긋거린다. 그렇게 우리는 너와 나 구분 않고 어우렁더우렁 살아가야만 하는 관계다. 마치 '두 사람은 행복하게 오래오래 살았습니다.'로 끝나는 동화처럼.

정여송: 1995년 ≪수필과 비평≫을 통해 등단.

싸움의 기술

 이중섭의 그림 〈투계〉 앞에 서 본다.
 작은 화면이 점점 크게 확대 되어 보인다. 두 마리의 싸움닭이 시선구도로 배치되어 있어 마음을 확 끌어당긴다. 붉은 벼슬을 바짝 세우고 온 몸에 적의를 드러낸 투계 두 마리가 평면구도라면 얼마나 밋밋한가. 날개를 활짝 펼치고 높이 뛰어오르는 놈과 어떤 경우에도 이길 각오가 되어 있는 또 한 놈이 비스듬한 구도에서 더 팽팽한 긴장감을 준다.
 붓을 사용하지 않고 나이프로 처리한 스크래치 형식은 격렬함을 상조하고 있다. 그림을 오래 들여다본다. 밑바닥으로부터 갑자기 뭔가 끓어오르기 시작한다. 눈에 기운이 점점 오르더니 충혈된다. 머리카락도 쭈뼛 서는 느낌이다. 그러면서 온몸에 진저리가 쳐진다. 싸움에 대한 원초적 본능이 지나치게 빨리 반응을 보인다.

축제가 한창인 시골 장터의 투계장을 빙 둘러 에워싼 사람들은 한껏 고조되어 환호와 탄식을 연발했다. 마치 자신이 싸우는 것처럼. 나 또한 다르지 않았다. 싸움닭이 흙먼지를 일으키며 순식간에 땅을 차고 오르자 나도 모르게 발바닥이 아프도록 땅을 차 버렸다. 상대방을 향해 발톱을 세워 쉬지 않고 공격을 해대느라 온몸이 열에 들떴다. 그즈음 매일 피해의식에 사로잡혀 보이지 않는 누군가를 할퀴고 싶어 안달을 했었다. 이중섭의 〈투계〉를 보고 있으니 속내를 감추지 못한 그날처럼 날갯죽지가 근지럽다. 흠칫 놀라 그림 앞에서 슬며시 물러나 전시장의 반대편을 향한다.

태생이 그랬다. 작은 것에도 두려움이 앞섰다. 세상사는 일에 뒷걸음질만 치는 데면데면한 나를 친구는 답답해했다. 직설적인 말도 곧잘 하던 친구 덕분에 내 약점은 여지없이 밝은 햇빛 아래 너덜너덜 드러나곤 했다. 남의 동정심이나 자극하는 태도에 짜증이 났던지 어느 날, 시내와 좀 떨어진 자기 집으로 나를 데려갔다.

친구 집은 농사도 짓고 가축도 길렀는데 싸움닭도 여러 마리 있었다. 일본 종인데 '샤모'라고 힘주어 말했다. 미끈하고 늘씬한 다리, 곧게 뻗은 목, 넓고 긴 꼬리는 탄탄했다. 군살 하나 없는 꼿꼿한 몸매를 보는 순간 약간의 흥분이 일었다. 혹 수탉 앞에서도 내가 주눅이 들까봐 잔뜩 긴장하던 친구가 웃음을 띠며 말했다. 싸움닭이 되어 보라고. 고등학교 1학년 봄이었다.

그해 가을, 싸움닭이 되어 승자가 된 사건이 일어났다. 모두가 수재라고 인정하는 부잣집 외동딸인 K는 항상 목을 꼿꼿하게 세우고 다녔다. 무엇 하나 빠질 것이 없는데 미모도 빼어나 우리 반 아이들을 심히 불편하게 했다. 안하무인격인 그녀를 슬슬 피해 다녔는데 학교 도서관에서 자주 마주쳤다. 내가 읽는 책 표지를 휙 넘겨보고는 꼭 한마디했다.

'그거 중학교 수준 아냐?' '나는 벌써 읽었는데, 좀 늦지 않니?'

봄부터 나에게 트집거리를 잡던 그녀와 정면 승부가 벌어졌다. 가을소풍에서 닭싸움을 하게 되었는데 제 맘대로 나를 상대로 골랐다. 키도 비슷했고 덩치도 거의 같지만 누렇게 뜬 얼굴로 구석자리나 찾아다니는 내가 만만하게 보였던 것이다. 그래도 모래판에서 벌이는 정정당당한 싸움인데 질 수는 없었다. 아, 그런데 그 애의 오똑한 콧날이 햇빛에 반짝 빛나는 것을 본 순간 다리에 힘이 빠지는 것 같았다. 그때, 누군가 "샤모" 하고 외쳤다. 싸움닭이 되어 보라고 내 본능을 자극했던 친구였다. 외다리로 서는 거라면 얼마든지 자신이 있었다. 남보다 긴 목을 쭉 빼고 눈에다 힘을 주고 다가갔다. '샤모'가 되어 날개를 활짝 펴고 잽싸게 날아올랐다. 오만한 그녀를 쪼고 할퀴는 사나운 수탉이 되어 가볍게 승리를 했다.

내 안에 도사리고 있던 응어리를 토해 낸 그 가을 이후, 괜히 어설픈 싸움닭 흉내를 냈다. 어깨에 빵빵하게 바람을 넣고 도서관을 휘젓던 K에게 얼토당토않게 도전 의식을 느껴 책상 앞을 떠나지 않았다. 아니 진중함을 잃은 나는 그녀뿐만 아니라 누군가를 뒤에서 끊임없이 노려보곤 했다. 열여섯 그때도 그랬지만 어른이 된 후에도 진정한 싸움의 기술을 몰라 냉혹한 투쟁의 세계에서 지금껏 하수로 살고 있다.

허방을 짚고 사는 사람은 의외로 많다. 결혼하고 처음 살림을 차린 동네어귀에 작은 슈퍼가 있었다. 뽀얀 얼굴에 입술을 새빨갛게 칠한 가겟집 주인 여자를 모두 '싸움닭'이라고 불렀다. 혼자서 어린 남매를 키우는 젊은 여자였다. 동네 아이들은 군것질 거리를 사러 들락거렸고 남자들은 담배와 술을 샀다.

가끔 해질녘이면 동네 여자들과 싸움이 붙었다. 그녀는 팔을 걷어붙이고 육두문자로 한바탕 골목이 떠나가도록 악다구니를 썼다. 하나 둘 사람들이 모여들면 기세가 더 등등해졌다. 동네 여자들은 웃음이 헤픈 여자를 경계의 대상으로 삼았다. 남편이 있다면 아무도 그 여자와 싸우지 않을 거라는 생각에 항상 연민이 앞섰다. 알고 보면 부족함을 감추려고 바짝 벼슬을 세우는데 사람들은 그걸 참지 못했다. 우리가 세든 주인집 여자도 마찬가지였다. 그 가게에 자주 드나든다고 나를 힐책했다. 담배를 꼭 그곳에서 사야 하느냐고 자기 남편에게 따지기도 했다.

날이 갈수록 여자의 입술은 더 붉어졌고 싸우는 횟수도 잦아졌다. 그러더니 어느 날 홀연히 떠나고 말았다. 골목 안은 조용해졌는데 괜히 서글펐다. 알고 보면 우리가 딛고 사는 이 세상이야말로 싸움판이다. 그녀도 나처럼 보이지 않는 것들을 향해 잔뜩 적대감을 품고 있었으니 어떻게 자신을 이길 수 있었으랴. 싸움에도 기술이 필요하다는 걸 알지 못했던 것이다.

전시장을 이리저리 기웃거리다 이중섭의 〈투계〉 앞에 다시 돌아와 선다. 비극적이고 절망적인 삶 속에서 그려진 그림은 극도의 긴장감을 보여준다. 암울한 현실 속에서 정신적 불안을 숨기려고 애쓴 흔적이 역력하다. 저만치 이중섭이 보인다. 어쩌면 그는 장자가 말한 목계지덕(木鷄之德)을 표현하려고 애쓴 것이 아닐까. 자신의 좌절된 삶을 완전히 숨기고 부드러움 속에 빛나는 광채를 보여주려 했는지도 모른다.

영화 속에서 언제나 화려한 영웅이었던 또 다른 남자를 그림 속에서 만난다. 얼마 전에 이소룡의 어록을 모은 『나를 이기는 싸움의 기술』이란 책을 읽었다. 철학을 공부한 그 남자의 모든 글귀는 삶의 방식에 대해 치열한 사유를 보여주었다. 그가 떠난 지 37년이 지났는데 살아 있던 그때처럼 다가왔다. "나 스스로를 이긴 자가 초강자다!"라는 글귀를 읽는 순간 이소룡이 장자가 말한, 부드러움이 저절로 익어 강함을 물리친 목계지덕을 갖춘 사람이라는 생각이 들었다.

'목계'란 나무로 만든 닭이란 뜻이다. 목계처럼 자신의 감정을 통제하여 상대방에게 완전한 모습을 보여 줄 때 최고의 투계가 된다고 했다. 이중섭은 최고의 투계를 그리기 위해 오래도록 마음속에 수십 마리의 목계를 새겼을 것이다.

겸손한 척, 부드러운 척, 여유로운 척 남의 눈을 속이고 늘 공격적인 자세로 살아온 것이 부끄럽다. 스스로 상처를 내 피를 철철 흘리던 붉은 입술의 여자도 내 곁에 세운다. 두 마리의 싸움닭은 우리를 완전히 무장해제 시킨다.

이중섭의 그림 앞에서 싸움의 기술을 배운다. '싸우지 않는 것이 이기는 것'이라고, 싸움의 고수인 영웅도 말한다. 그러나 투계 한 마리를 키우기로 했다. 마음의 울타리를 치고서. 그건 목계가 절대 될 수 없는 나 자신이 무력감에 빠질까 두려워서이다.

배혜숙: 1977년 ≪월간문학≫에 「모시의 멋」으로 신인상.

문지방

 지은 지 30년 가까이 된 아파트로 이사를 왔다. 이 집에는 부엌과 거실, 거실과 베란다 사이에 나무로 된 미닫이문이 있었다. 금속 재질의 가벼운 창틀이 아니라서 여닫기도 쉽지 않았고 끼이익 소리까지 났다. 고풍스럽기는 했지만 한편 음산한 느낌이 들었다. 그런데 이 미닫이문이 반가웠던 것은 다름 아닌 문지방 때문이었다. 나는 살며시 그 위에 발을 올려놓았다. 그래, 이 느낌이었다.
 어렸을 때 나는 안방 문지방에 올라서는 것을 좋아했다. 발바닥 한가운데의 장심(掌心)을 눌러주면 건강에 좋다는 것을 그때는 몰랐지만, 거기에 올라서는 것을 좋아한 데는 다른 이유가 있었다. 문지방을 밟고 서면 왠지 제법 키가 커진 것 같은 느낌이 들었다. 그래 봤자 겨우 1~2센티에 불과한데도 키가 커진 만큼 더 어른이 된 것 같았다. 문지방을 밟고 문설주에 기대어 안방과 마당을 내려다보던 내 모습이 떠오른다. 기억 속의 나는 안방에 큰대자로 누워서 코를 고는 아빠와 마당 수돗가에서 빨래를 하고 있는 엄마를 번갈아가며 쳐다본다. 문지방을 밟고 서 있는 나는 화해할 수 없는 두 세계에 대한 불안을 지니고 있었고 양쪽 어디에도 속할 수 없는 소외감이 들었다. 반면 어느 쪽에도 매이지 않을 자유를 손에 쥔 것 같았다.

그러고 있는 나를 향해 엄마는 꼭 이렇게 소리치셨다.

"내려와라, 복 나간다!"

학교에 다니면서 나는 한 학년을 올라갈 때마다 진통을 겪었다. 일 년 동안 함께 시간을 보낸 사람들에게서 금방 떨어져 나올 수 없었고, 새로 같은 반이 된 친구들에게 적응하는 것도 쉽지 않았다. 또 내게는 확연히 다른 두 그룹의 친구들이 있었다. 공부 잘 하고 말썽 피우지 않는 소위 '엄친딸' 들도 있었고, 방과 후에 따로 모여 샴페인을 터뜨리고 담배 피우는 친구들 속에도 나는 속해 있었다. 대학에서는 사회 불의에 저항하며 데모를 하다가도 끝까지 그들 가운데 머무르지 못하고, 속히 기득권의 대열에 합류하고자 도서관에서 밤을 지새웠다. 내가 원해서 결혼을 하고 전업주부로 아이들을 낳아 기르면서도 직장에 다니면서 폼 나게 사는 그녀들의 세상이 늘 부러웠다. 권위주의적인 정서를 그리 좋아하지 않았으면서도, 외국에서 사는 동안 그들의 자유분방한 문화를 쉽사리 수용하지도 못했다.

    나는 경계인(境界人)이었다. 나는 이쪽에도 있었고 저쪽에도 있었고, 이편도 됐다가 저편도 되었다. 나는 회색분자였다. 이도저도 아니었고 소속되었지만 바깥에 있었다. 겉으로 보기에는 한쪽 자리를 굳건히 지키고 있었지만, 마음 깊은 곳에서는 내가 있지 않은 곳을 동경하고 그리워했다. 한쪽을 두둔하면 반대쪽이 마음에 걸렸고, 이런 입장을 취하면 다른 입장에서도 할 말이 있을 텐데 하며 괜히 마음이 쓰였다. 학생운동을 하던 친구들은 나더러 보수주의자라고 비아냥댔고, 어떤 설문조사에서는 내가 '왼쪽'으로 기운 '빨간색'이라고도 했다. 대학 동아리를 함께 했던 선배는 이런 말을 했다.

"너는 누가 봐도 핵심 인물인데, 왜 스스로 아웃사이더처럼 구는 거니?"

나는 어느 쪽에도 완벽하게 끼지 못하고 어정쩡하게 문지방을 밟고 서서, 양쪽을 분석하고 비판하며 애매한 태도로 살았던 것 같다. 나는 이쪽과 저쪽 모두를 기억하는데, 나와 다른 쪽에 있던 사람들은 내가 어디에 있었다고 생각할까? 나는 어쩌면 이쪽에도 없었고 저쪽에서도 사라져버린, 부재(不在)한 사람은 아니었을까.

그렇다고 내가 강 건너 불구경하듯 양쪽을 바라만 보고 있었던 것은 아니었다. 나는 양쪽을 오가며 열심히 살아야 한다고 생각했다. 어느 하나도 놓쳐서는 안 된다고 여긴 것은 중용의 묘미가 아니라, 내면의 불안과 자만의 합작품이었다. 하지만 그것은 만용이었고 내 건강은 바닥으로 추락했다. 엄마가 문지방을 밟고 서면 복이 나간다고 혼내신 것은 바로 이런 결과를 염려해서 하신 말씀이었는지도 모르겠다. 어느 한쪽에 완전히 뿌리박았으면 내 복을 꼭 줄 수 있었을까.

지난 1년 동안 외국에서 살았다. 그곳 생활에서 가장 좋았던 것을 꼽는다면, 동네 놀이터에서 바라본 노을이었다. 빛과 어둠이 교차하는 시간이 되면 너른 들판과 하늘의 경계인 지평선에는 늘 노을이

불탔다. 땅과 하늘, 낮과 밤이라는 조화할 수 없을 것 같은 두 세계는 노을을 만들어내며 모든 경계를 허물었다. 문지방을 밟고 있는 나, 경계인처럼 떠도는 나도 언젠가는 저렇게 아름답고 자유로운 노을빛을 낼 수 있을까. 지금 나는 또다시 걱정과 기대의 문지방에 서 있다.

*엄친딸: '엄마 친구의 아들'의 줄임말인 '엄친아'의 여성형. 고정된 의미는 없으나 주로 여러 가지 조건을 갖춘 완벽한 여성을 지칭하는 유행어.

김경아: 2009년 ≪에세이21≫을 통해 등단.

비닐우산

 언제 어디서 샀는지 모르지만 우리 집에도 헌 비닐우산이 몇 된다. 아시다시피 한 번 쓰고 나면 버려도 좋을 이 비닐우산은 한군데도 탄탄한 데가 없다. 눈만 흘겨도 금방 부러질 듯한 살하며 당장이라도 팔랑거리며 살을 떠날 것 같은 비닐 덮개하며 참 볼품없는 우산이다. 그러나 그런대로 우리의 사랑을 받을 만한 덕을 갖추고 있으니 아주 몰라라 할 수는 없을 듯하다.
 우리가 길을 가다가 갑자기 비를 만났을 때 가난한 주머니로 쉽게 사 쓸 수 있는 우산은 이것밖에 없다. 물건에 비해서 값이 싼지 비싼지는 알 수 없지만, 어떻든 '一金百원也'로 비를 안 맞을 수 있다면 이는 틀림없이 비닐우산의 덕이 아니겠는가?
 값이 이렇기 때문에 어디다 놓고 와도 섭섭지 않은 것이 또 이 비닐우산이다. 가령 우리가 퇴근길에 들른 대폿집에다 헝겊 우산을 놓고 나왔다고 생각해 보라. 우리의 대부분은 버스를 돌려 타고 그리로 뛰어갈 것이다. 그래서 헝겊 우산을 받고 나온 날은 그 우산을 어디다 놓고 올까봐 신경을 쓰게 된다. 하지만 하루 종일 썩인 머리로 대포 한잔 하는 자리에서까지 우산 간수 때문에 조바심할 수는 없는 일 아닌가? 버리고 와도 아까울 게 없는 비닐우산은 그래서 좋은 것이다.

비닐우산을 받고 위를 쳐다보면, 우산 위에 떨어져 흐르는 맑은 빗방울이 보인다. 가만히 귀를 기울이면 그 빗방울들이 떨어지며 내는 싱그러운 빗소리도 들린다. 투명한 비닐 덮개 위로 흐르는 그 맑은 빗방울, 묘한 리듬을 튕겨내는 그 싱그러운 빗소리, 단돈 百원으로 사기에는 너무 미안한 예술이다.

바람이 좀 세게 불면 비닐우산은 곧잘 뒤집힌다. 그것을 바로잡는 한동안, 옷은 다소 비를 맞지만 우리는 즐거운 짜증을 체험할 수 있고, 또 행인들에게는 가벼우나마 한때의 밝은 미소를 선사할 수 있어서 좋다. 그날이 그날인 듯 개미 쳇바퀴 돌 듯하는 우리의 지루한 생활 속에, 그것은 반 박자짜리 쉼표처럼 산뜻한 변화를 불러일으키는 것이다.

좀 오래된 이야기 하나. 퇴근을 하려고 일어서다 보니 창밖에 부슬부슬 비가 내리고 있었다. 나는 캐비닛 뒤에 두었던 헌 비닐우산을 펴들고 사무실을 나왔다. 살이 한 개 부러져 있었다. 버스정류장으로 가는 길, 비가 갑자기 세차졌다. 머리는 어떻게 가렸지만 옷은 다 젖다시피 했다. 그때였다. 누군가가 뛰어들었다. 책가방을 든 어린 소녀였다. 젖은 이마에 머리카락이 흩어져 있었다. 예고도 없이 뛰어든 그 침입자는 다만 미소로써 양해를 구할 뿐 말이 없었다. 우리는 버스정류장까지 함께 걸었다. 옷은 젖지만, 그래도 우산을 받고 있다는 안도감이 거기 있었다. 이윽고 소녀의 버스가 먼저 왔다. 미소와 목례를 함께 보내고 소녀는 떠났다. 이상한 공허감이 비닐우산 속에 남았다.

나도 곧 버스를 탔다. 피곤해서 한참 눈을 감았다가 떴다. 버스가 막 미아리고개에 서고 있었다. 비는 여전히 쏟아지는데 정류장엔 우산꽃이 만발했다. 아버지를 기다리는 아들딸들, 오빠나 누나를 기다리는 오누이들, 남편을 마중 나온 아낙네들일 것이다. 버스에서 내린 사람들은 용케도 자기를 맞으러 나온 우산을 잘 찾아내는 듯했다. 잠시였지만 아름다운 풍경이었다.

그때 차창 밖 저만치에 한 여인이 보였다. 그녀는 비닐우산을 받쳐들고 버스 안을 살폈다. 남편을 기다리는 신혼의 여인이었을까? 버스는 또 떠났다. 그녀는 우두커니 서 있었다. 몇 번이나 버스를 그냥 보냈을까? 말없이 떠나는 버스를 조금은 섭섭하게 바라볼 그녀의 고운 눈매가 눈앞에 어른거렸다. 나는 또 눈을 감았다. 다음 버스에선 그녀가 기다리는 사람이 꼭 내렸을 것이다. 그리고 용케 알아보고는 그녀의 비닐우산 속으로 성큼 뛰어들었을 것이다. 왜 이렇게 늦었느냐는 원망의 눈길과 미안해 하는 은근한 미소, 찬비에 두 몸이 나 짖는데도 그 사랑은 식지 않을 것이다.

비닐우산은 참 볼품없는 우산이다. 그러나 몰라라 하기에는 너무 좋은 우산이다. 그리고 값싼 인생을 살며, 조금만 바람이 불어도 넘어질 듯 부실한 사람, 그런 몸으로나마 아이들의 머리 위에 내리는 찬비를 가려주려고 버둥대는 삶, 비닐우산은 어쩌면 나와 비슷한 데도 적지 않은 것 같아서 때때로 혼자 받고 비 오는 길을 걸어보는 우산이기도 하다.

정진권: 1967년 ≪現代文學≫에 「弄談調시驗說」을 발표하며 등단.

오이지와 무짠지

오이지를 담갔다. 일주일쯤 지나니 쪼글쪼글 노르스름하게 익은 것이 맛깔스럽게 보인다. 그러나 한여름에 먹는 오이지는 새큼 씁쩔해야 하는데, 이번 오이지는 간이 싱겁다. 한두 개도 아니고 여름 동안 먹을 반접이나 되는 양이라 무슨 수를 써야 할 것 같다. 김장 때 담가 놓고 너무 짜서 여태 먹지 않은 무짠지를 몇 개 꺼내다 오이지 항아리에 넣는다. 그런데 처음 시도해 보는 일인지라 아무래도 미심스런 생각을 떨칠 수 없다. 다음날부터 항아리 주위를 맴돌기 시작한다.

'자리다툼을 하고 있을 거야. 오이지는 텃세를 부릴 테고 무짠지는 자리를 잡으려 할 테지. 익을 대로 익어 각각 제맛을 지니고 있잖아. 행여 상대의 맛이 자신에게 배어들까 서로 안간힘을 쓸 거야.'

얼떨결에 만난 저들이 항아리 안에서 소동을 일으키고 있을 것만 같다. 티격태격 다투는 듯도 하고, 서로 눈꼬리 치켜세우고 맞서 있는 듯도 하다. 자기들을 한곳에 몰아넣은 나에 대한 화가 부글부글 끓어올라 뚜껑에까지 닿았을 것만 같다.

정말 이렇게 된다면 이도저도 아닌 맛으로 모두 쓸모없게 되어, 그나마 오이지도 못 먹는 여름을 지내야 하는 것은 아닐지 걱정이다. 괜한 짓을 한 것 같아 무짠지를 도로 꺼낼까 하다 꾹 참는다. 이들은 이미 한 번의 발효과정을 거쳤다. 뻣뻣한 허리가 낭창거릴 만큼 유연한 면모를 갖추고 있다. 너와 나의 경계를 무너뜨리는 것이 발효임을 터득했을 터이다. 이제 잘되고 잘못 되는 것은 그들의 몫이다. 그들을 믿고 느긋이 기다려보기로 한다.

얼추 소란이 잦아들었을 것 같은 며칠 뒤 조릿조릿한 마음으로 항아리 뚜껑을 연다. 눈으로 보아선 아무 일도 없는 듯하다. 오이지 하나를 꺼내 조금 잘라서 맛을 본다. 짐작한 대로 무짠지 맛이 배들어 먼저보다 짭짤하다. 무짠지도 한 개 꺼낸다. 짠맛이 우러나 간간해진 맛에 오이지의 새큼한 맛이 배들었다. 이제 이들에게는 오이지와 무짠지의 모양만 있을 뿐 맛의 경계는 없다. 그러고 보니 무짠지는 덤이다. 덤에 신바람이 난 나는 무짠지를 들고 흔들어댄다.

봄에 딸아이를 혼사시켜놓고 은연중 하던 걱정이 때맞추어 한 항아리에 담기게 된 오이지와 무짠지에까지 옮은 모양이다. 7년을 교제한 사이인데 새삼 부딪히고 날 세울 일이 있을까. 그래도 함께 살다보면 밖에서 보이지 않던 서로의 낯선 면을 만나게 될 것이다. 그럴 때 혹여 받아들이기보다 밀어낼까 우려를 한다. 교제 동안 서로에 대한 마음이 한결같았는지는 모를 일이다. 다만 찌르고 상처 줄 뾰족한 날을 둥글려 맞닿게 만들었을 거라는 생각을 하면서, 이제 한 항아리에 담기었으니 부디 한 맛으로 익어가길 기도한다.

딸애는 오이지를 좋아한다. 전화를 한다. 오이지 익었다는 말에 금방이라도 올 것처럼 반색한다. 한데 제 남편은 좋아하지 않는다고 한다. 오이지를 알기는 해도 먹어본 적은 없단다. 그래선지 시큼 찝찔한 것을 맛있다고 먹는 딸애 입맛을 이상히 여긴다고 한다. 순간 잊고 있던 기억 한 무더기가 스멀스멀 살아난다.

결혼하고 맞은 첫 여름. 친정어머니는 오이지가 맛있게 익었다며 갖고 오셨다. 나는 결혼하기 전 집에서 하던 대로 동글동글 썬 오이지에 물을 부어 밥상에 올렸다. 그런데 남편은 거들떠보지도 않는 것이었다. 무슨 맛으로 먹는지 모르겠다며, 고향 집에선 먹어 본 적이 없다고 했다. 지금도 예산에 있는 시댁 밥상엔 오이지는 없다. 하지만 나는 더위에 떨어진 입맛을 돋우는 데는 이만한 음식도 없다면서 여름이면 으레 오이지를 담갔다. 언제부터인가 남편은 짭짤한 국물까지 마시고선 입안이 개운하다며 밥상에서 물러난다.

딸아이가 주말에 오겠다고 한다. 이제 딸아이도 끼니때마다 오이지를 밥상에 올릴 것이다. 그러면 사위도 오이지의 새큼 짭짤한 맛에 차츰 빠지게 될 것이다. 어느 날, 드디어 국물까지 마시며 "오이지 국물이 참 개운하네." 할 것이다.

항아리에서 때깔 고운 오이지와 무짠지를 하나씩 고른다. 동글납작하게 썰어서 유리그릇에 섞어 담는다. 매운 고추와 마늘을 잘게

채쳐 얹은 뒤 물을 붓고 얼음을 띄운다. 저녁상에 올린다. 남편은 "오이지네" 하면서 국물부터 한 숟갈 뜬다. 오이지처럼 쭈글쭈글한 남편 얼굴 뒤로 생오이 같은 사위 얼굴이 겹쳐진다.

이경수: 2002년 ≪계간수필≫로 추천완료.

부러진 기타

출근길에 병아리 행렬과 마주쳤다. 한손을 들고 올림픽공원을 향해 길을 건너는 유치원생들은 영락없이 사랑스런 햇병아리 떼였다. 새봄의 노란 햇살도 어린 생명에게 이끌리는 듯 가일층 눈부시게 쏟아 내렸다. 그 중 한 아이가 나의 눈길을 끌었다. 바이올린 케이스를 들고 가는 꼬마였다. 장기자랑을 하려는 것 같았다. 녀석의 악기를 물끄러미 바라보다가 나도 오래전 기억 속으로 봄나들이를 떠났다.

중학교 2학년 때의 일이다. 나는 평소 "저요 저요"하고 나서기를 좋아했다. 교탁용 덮개를 만들어 오거나 커튼을 빨아올 사람을 찾으면 제일 먼저 손을 들었다. 하지만 집에 가면 화살받이가 되기 일쑤였다. 세 언니가 모두 나를 공격해왔다. 우리보다 잘살고 나보다 공부 잘하고 또 감투를 쓴 친구들이 많을 텐데 어째서 학급 일을 도맡아 오냐는 것이었다.
　오 남매를 키우던 어머니는 막내인 나까지 세세하게 돌봐 줄 여유가 없었다. 아마 어머니의 관심을 이끌어내고자 나는 자꾸 일을 저질렀던 것 같다. 그래도 어머니는 한 번도 날 허풍선이로 만들지 않고 밤새워 테이블보에 멋진 수를 놓거나 빨래를 해주었다. 그런 어머니의 후원에 힘입어 나의 "저요 저요" 병은 깊어져만 갔다.
　봄 소풍에 장기자랑 지원자를 찾았을 때, 또 여지없이 손을 들었다.
　집에는 기타가 하나 있었다. 대학생이던 둘째 언니 소유의 그 중고악기는 클래식 연주용이라서 쇠줄이 아닌 나일론 줄이 매어져 있었고 퍽 부드러운 소리를 내었다. 클래식이란 단어에 매료된 나는 언니 몰래 기타를 가지고 놀았다. 피아노를 바이엘부터 시작하듯 기타교본이 따로 있었는데 거기에는 쉽고도 예쁜 곡들이 많았다. 손가락 끝에 물집이 잡히고 굳은살이 박이도록 연습했지만 질리지 않을 만큼 그 소리가 참 좋았다. 혼자 듣기 아까워 자꾸 누군가에게 자랑하고 싶어지는 것이었다. 다만 자신의 물건이 남의 손을 타는 걸 견디지 못하는 언니에게 들킨다면 후환이 두려운 상황이었다.
　소풍날 무사히 기타를 들고 나갈 수 있기를 기도한 덕에 언니가 일찍 등교하는 운수 좋은 아침을 맞았다. 하지만 좋은 오전 운수가 오후까지 이어지는 일은 대체로 드물다.
　동구릉의 너른 벌판에서 엉성하게 바흐의 〈미뉴에트〉를 연주했으나 아이들은 아무도 클래식 따위에 귀 기울이지 않고 떠들어댔다.

어쩌면 나뭇가지 위에서 듣던 까마귀가 웃을 만큼 형편없는 솜씨였는지도 모르겠다. 오직 전교생 앞에서 우아하게 클래식기타를 연주하는 사람이란 걸 뽐내는 것만으로 나는 충분히 만족할 수 있었다.

돌아오는 길에 차를 기다리며 잠시 기타를 세워두었던 것이 화근이었다. 기타는 얄팍한 헝겊 옷을 입고 있었기에 넘어지는 순간 목이 댕강 분질러져 버린 것이었다. 교수형이나 단두대란 말이 섬뜩한 이유를 그때 잘 알게 되었다. 목이 잘린다는 게 얼마나 공포감을 불러일으키는지……. 부러진 기타 머리는 인형극의 무능한 주인공처럼 대롱대롱 줄에 매달려 간신히 본체에 붙어 있었다.

그러나 언니가 내게 퍼부을 분노를 떠올려보면 나도 그 기타 신세와 다를 바가 없었다. 순간접착제를 사다 발라보아도 장력이 500g에 달하는 기타 줄을 감당하기엔 어림없는 일이었다. 다급하게 옆집 목수 아저씨를 찾아가니 'ㄷ'자형 못으로 연결해주었다. 살그머니 제자리에 망가진 기타를 세워두었지만 일주일 후 발각되었을 때는 사실은폐 죄까지 특별 가중되어 몇 배나 곤욕을 치러야 했다. 당돌한 문제아로 부각되면서 언제나 내 편이었던 아버지의 얼굴에조차 근심이 드리워졌던 뼈아픈 사건이었다.

그런 일을 겪고도 37년이 지난 지금까지 난 조금도 변한 것이 없다. 어디서나 "저요 저요"하고 나서길 좋아한다. 나의 허영심일까? 혹은 영웅심일까?

그 탓은 기질에다 두어야 할 것 같다. 우주의 원소를 공기, 물, 불, 흙으로 나눈 엠페도클레스의 4원론에 따라 히포크라테스는 체액을 피(blood), 황담즙(choler), 흑담즙(melancholy), 가래(phlegm)로 분류하였고 갈렌이 다시 다혈질, 담즙질, 우울질, 점액질로 기질을 나누었다.

다혈질은 항상 즐겁고 생동감이 넘치지만 충동적이고 변덕스러운 사람이다. 담즙질은 자신만만하고 의지가 강하지만 이기적이고 오만하다. 우울질은 섬세하고 예민한 반면 답답하고 침울한 성격이고, 점액질은 유순하고 느긋해도 열정이 없다는 단점이 있다.

셰익스피어 작품 속에도 기질에 대한 언급이 종종 나오고 스탕달은 기질에 따라 사랑을 분류했는데 교육학에서는 정확한 기질을 파악하는 것이 인성 계발에 필요하다고 한다.

어느 날 남편의 동창이 모임에서 기질 테스트를 해주었다. 설문조사처럼 간단한 검사였다. 그 결과 나는 상당한 다혈질의 소유자로 나왔다. 평소에 나약한 여자처럼 굴고 남편에게 "네 네" 순종하는 모습만 보아 온 친구들은 나를 대표적인 점액질이리라 예상했는데 의외의 결과라며 놀라워했다. 사실 나도 놀랐다.

그러니까 언제나 나서길 좋아하고 즉흥적이고 후회할 일이 많은 나는 지나치게 다혈질이기 때문이었다. 그런 성정을 다스릴 수 있었다면 기타의 목이 부러지는 에피소드는 발생하지 않았을 것이다.

네 가지 기질들이 균형과 조화를 이룰 때 건강이라 부른다. 치우치지 않고 평형감각을 유지하는 삶이란 각 기질의 장점을 살리고 단점을 없애도록 노력하는 것이다. 크게 즐거울 일도 크게 슬퍼할 일도 없는 것이 인생이란 걸 터득한다면 기질조차 쉬이 바꿀 수 있으리라. 사람이란 원하는 걸 다 하며 살 수는 없다고 강조하는 남편은 나의 두드러진 다혈질 성향을 몹시 못마땅해 하는데 오늘도 나는 아파트 반상회에서 반장을 선출한다기에 "저요 저요"하고 손을 들고 말았다.

김애양: 1998년 ≪책과 인생≫으로 등단.

제2부 썩지 않는 기억들

아들 완성법

　어린이 신발에는 대부분 우엉 열매를 본떠 고안했다는 벨크로(velcro)라는 접착포가 붙어 있다. 보통 입말로 찍찍이라고 하는데, 이 기발한 아이디어 덕에 아이들은 손이 선 나이임에도 큰 어려움 없이 스스로 신을 신거나 벗는다. 큰애도 걷기 시작하면서부터 줄곧 찍찍이 신발을 신었다. 확실하지는 않지만 초등학교 5학년 무렵이 되어서야 끈이 달린 신발을 신은 것으로 기억한다. 나는 아직도 큰애에게 신발 끈 묶는 법을 가르쳐주던 때를 생생하게 기억한다. 주의가 산만한 녀석을 앞혀 놓고 얼마나 진땀을 뺐던가. 다양한 방법이 있지만, 일자형 매듭과 십자형 매듭, 이 두 가지를 가르쳐주었다. 내가 아는 것은 그것밖에 없었다. 그럼에도 큰애는 나를 닮아서인지 일자형 매듭만 선호했다. 십자형으로 끈을 잡아맨 것을 여태 본 적이 없다. 아닌게아니라 일자형이 더 단정해 보이기는 하다. 신기하게도 신발 묶는 법을 터득한 후로는 여간해서는 넘어지지 않았다. 찍찍이 신발을 신고 다닐 때는 정말이지 일으켜주느라 정신이 없었다.

녀석이 고등학교에 진학한 지 얼마 되지 않은 어느 날이었을 게다. 반짝이는 새 허리띠 하나가 거실 일인용 소파 위에서 뒹굴었다. 무심코 지나치다가 주말이 되어서야 비로소 큰애의 것임을 알아보았다. 나도 모르게 입가에 의미심장한 미소가 어렸다. 모르긴 해도 녀석은 허리띠를 사다놓고 필시 난처해하고 난감해했으리라. 허리 치수에 비해 턱없이 긴 데다 아무리 살펴보아도 하도 감쪽같아서 그걸 어떻게 줄여야 할지 몰라서. 나도 처음에는 쩔쩔맸으니까. 녀석을 불러서 그 방법을 자세히 가르쳐주었다. 대체로 허리띠는 메이커가 다른 제품일지라도 그 구조가 서로 비슷하다. 먼저 버클에 붙은 고정 클립 뚜껑을 열고 가죽 띠를 분리했다. 그리고 그것을 조금 가위로 잘라낸 다음 다시 클립에 끼우고 뚜껑을 채웠다. 옆에서 지켜보던 녀석은 어렵지 않은지, 내가 보여준 대로 자신의 허리 치수에 맞게 쉽게 길이를 조정했다. 기특하게도 녀석은 그때부터 제법 허리춤을 잘 추슬렀다. 매사 성실한 자세로 임할 뿐 아니라, 아침에 깨우지 않아도 제시간에 벌떡 일어나고 심부름도 곧잘 했다.

녀석이 입대하기 반 년 전쯤이었다고 기억한다. 뜬금없이 넥타이 매는 법을 가르쳐달라고 졸랐다. 데이트 약속이 있는 모양이었다. 어찌 시범을 보이지 않을 수 있겠는가. 먼저 거울 앞에서 가장 쉬운 플레인 매듭을 짓는 법을 가르쳐주었다. 그러고 나서 점잖아 보이는 윈저 매듭과 그 변이형인 하프 윈저 매듭을 짓는 법도 마저 가르쳐

주었다. 물론 젊으니까 볼 크기가 작은 플레인 매듭이 좋겠다는 조언도 잊지 않았다. 불현듯 이제 다 컸구나 하는 느낌이 들었다. 스스로 제 한 몸을 책임져야 할 때가 가까워졌다는 말이다.

돌이켜보건대 발에서 목까지 차례로 세 번 묶는 법을 일러주니 아들이 완성되어버린 것 같았다. 참 싱겁기도 했다. 그래, 어느 날 갑자기 성큼 커버린 아이가 찾아와 "아빠, 차 키 좀 빌려주세요" 한다지.

예전에는 어느 민족이나 성인식으로 고유한 통과의례를 거쳤다. 현대인의 눈으로 보면 야만스러울 정도로 의식이 가혹하고 혹독한 사례도 많았다. 알다시피 선조들도 관례를 치렀다. 그러고 보면 절차와 형태는 바뀌었지만 지금도 여전히 성인식을 치른다는 생각이 든다. 갓을 쓰는 대신 넥타이를 매고, 사당에 고하는 대신 나라의 부름에 응하여 병역의 의무를 마치는 게 지금의 성인식이 아닐까?

오늘 군에 있는 녀석에게서 전화가 왔다.

"아빠, 밤에 초소에서 경계근무를 설 때마다 별을 쳐다봐요. 어젯밤에도 북두칠성과 북극성을 보았어요. 멀리서 참 맑게 빛났어요."

살아가면서 양식으로 삼아야 할 외로움을 배우고 있구나. 전화를 끊으며 그런 생각을 했다. 나와 아내가 영원히 녀석의 멘토와 메세나가 되어줄 수는 없을 것이다. 곧 자신의 삶을 스스로 짊어지게 되겠지.

말이 나온 김에 덧붙이자면, 시기와 방법은 다르지만 모든 부모도 완성된 자식으로 세상에 나왔다. 물론 아내와 나라고 예외일 수 없다. 그렇다고 그것으로 끝나는 게 아니다. 삶이 완성될 때 마지막으로 누구든 한 번 더 묶인다. 발목에서 어깨까지 염포로 일곱 군데나, 그것도 영원히 풀리지 않는 동심결로. 그러고 보면 우린 묶이면서 성장하는 것 같다.

정희승: ≪한국수필≫로 등단.
원종린문학상, 제1회 김만중문학상 등 수상.

골목길 풍경

긴 목도리를 몇 겹 돌려 두르고 집 앞 골목을 걷는다. 아직은 11월이어서 가을이련만 계절보다 일찍 온 겨울바람은 나뭇잎을 남김없이 다 떨쳐버렸다. 찬바람이 앙상한 나뭇가지를 흔들고 휘감는다. 잎이 붙어 있었던 흔적도 보이지 않아 저 나무들에게 풍성하고 짙푸르던 날이 있었다는 게 믿어지지 않는다. 중학교를 다닐 때였던가. 쪽진 머리의 외할머니를 보며, 아무리 애써도 할머니가 아기였었다는 게 믿어지지가 않아 할머니는 원래 할머니 얼굴로 태어났을 거라 생각했던 일이 문득 떠오른다. 나무의 어제는 그간 내내 보았는데도 푸르던 지난날이 꼭 꿈속의 환상이었던 것만 같다.

우리 집 골목엔 비오는 날만 빼곤 언제나 웨딩드레스를 입은 신부와 턱시도를 걸친 신랑의 모습이 보인다. 웨딩사진 스튜디오가 있어서 신랑각시가 길 위에서 갖가지 포즈로 사진을 찍기 때문이다. 오늘도 새 예비부부를 만난다. 사진사는 차가 다니는 아스팔트길에 척 드러누워 머리를 치켜들고 카메라 셔터를 분주하게 누른다. 그들 옆을 지나가며 사진의 주인공들을 바라본다. 풋풋하다.

사진사가 외친다.

"서로 쳐다봐! 아니 아니 그건 째려보는 거잖아. 웃으면서! 다시 한버언. 오케이. 자아 신랑! 신부를 안아 올려요. 오케이. 좋아. 그렇게 안고 뽀뽀! 신랑, 계속 안고 있어요."

자그마한 신랑은 자기 키만한 색시를 두 손으로 번쩍 들고 힘든 내색을 하지 않으려 무진 애를 쓴다. 내가 두 아들의 엄마여서일까. 보기가 안쓰럽다. 딱하다. 아, 벌써 가장으로서의 고생이 시작되는구나…… 하얀 웨딩드레스를 입은 신부는 좀 긴장하긴 했지만 공주라도 된 듯 고고한 표정이다. 이렇게 추운 날씨에도 어깨와 가슴의 맨 살을 거리낌 없이 드러낸 채 우아하게 웃는다. 웨딩드레스가 꼭 파티복 같다.

내 웨딩드레스는 지금 어디에 있을까? 결혼하고 열흘 만에 유학생인 남편을 따라 미국엘 갔다. 유학생활이 얼마나 고생스러운지 모르던 친정어머니는 그곳에선 파티가 많을 거라며, 웨딩드레스 길이를 잘라 파티복으로 만들어 주셨다. 사십 년 전 그 시절엔 누구나 미국이 파티의 나라인 줄 알았다. 하지만 남편이 공부하던 6년 동안 그도 힘들었고, 육아와 살림에 쉴 틈이 없는 일상은 내 힘에 부쳤다. 늘 피곤했다. '파티'란 우리와 아무 상관이 없는 단어였다. 그런 중에 서울에서 친구가 이런 편지를 보내왔다. "녹희야, 너는 매일 파티에 가겠지?" 파티복으로 고친 웨딩드레스는 짐 꾸러미 속에 말없이 묻혀 있기만 했다. 그래도 한국으로 돌아올 때나 여기저기 이사할 때나 이는 내 이삿짐 속의 소중한 품목이었지만, 언제부턴지 눈에 뜨이지 않는다. 나는 골목길의 신부에게 속으로 말한다. "애야, 오늘은 마음껏 공주가 되려므나."

신랑신부를 잠시 구경하다 골목 네 개가 동시에 만나는 작은 네거리에 다다른다. 이름난 양식 일식 중식당들이 모여 있다. 젊은 손님들이 수시로 드나드느라 언제나 복잡하다. 그 나이에 고급식당을 애용한다는 걸 의아해하다가 문득 깨닫는다. 내 눈엔 웬만한 연령의 사람들이 이제 다 젊은이로 보인다는 걸. 시간여행을 하다 하루아침에 십 년쯤 나이가 들어버리기라도 한 것처럼 내 나이에 새삼 놀란다.

왼쪽 골목길로 내려간다. 오랫동안 화랑이었다가 지금은 히피가 입을 것 같은 야릇한 옷을 파는 남생이넝쿨 선물이 나타난다. 거기만 가면 동창이며 화가였던 점선이가 생각난다. 그 화랑에서 전시회를 했던 그녀가 나와 또 한 명의 친구와 점심을 함께 한 후 화랑 앞에서 그녀의 남편을 기다렸었다. 잠시 후 도착한 그 남편은 히틀러처럼 콧수염을 길렀지만 소년같이 수줍게 웃었다. 점선이가 우리를 소개했고 서로 손을 흔들며 헤어졌다. 그런 얼마 후 그녀의 남편이 한창 나이에 세상을 떠났고, 또 몇 년 후 투병 중에도 그림을 손에서 놓지 않고 강철 같은 의지로 살고자 애쓰던 점선이도 뒤따라 떠났다. 그러나 그 화랑 앞에만 가면 지프차 운전대에서 빙긋 웃던 그녀 남편 모습이 되살아난다. 점선이의 어눌하면서도 정열에 찬 말소리가 생생하게 들려온다. 누군가가 돌아간 사람을 생각하면 그 순간,

사라졌던 존재가 생명을 얻어 반짝 빛나는 걸까.

비탈길을 오른다. 번잡한 강남 대로변에 있는 우리 집 골목 이름은 아이러니하게도 '산마룻길'이다. 골목에 가파른 경사가 있는 까닭인가 보다. 그 비탈길에 수많은 나뭇잎이 무늬처럼 찍혀 있다. 도르르 구르던 낙엽을 지나다니는 차들이 아스팔트에 꼭 꼭 박아놓았다. 얇게 펴진 잎들은 오톨도톨한 길 표면을 따라 잘게 갈라져서 흡사 박수근 화백의 그림 같다.

나는 아스팔트 위의 그림을 오래도록 바라본다. 쓸쓸해진다. 문신처럼 박혀있는 저들도 햇볕에 바래고 비바람에 쓸려 결국은 사라지겠지…… 누군가의 가슴에 깊이 새겨져 도무지 잊혀지지 않을 것 같은 사람도 세월이 흐르면서 희미하게 흐려지는 것처럼.

인간을 나뭇잎에 빗대어 말한 '페이터의 산문'이 떠오른다. "잎, 잎, 조그만 잎…… 모두가 다 한가지로 바람에 휘날리는 나뭇잎…… 네 자신 얼마나 오래 머물러 있을 수 있는가? 너는 네 생명이 속절없고 너의 직무, 너의 경영이 허무하다는 것을 알지 못하느냐?" 그의 글이 스산한 내 마음을 허무의 늪에 빠뜨린다. 나는 가라앉는 자신을 추스르려 심술을 부린다. "페이터님, 맞는 말씀입니다만 그래서 어쩌란 말인가요?"

지나온 골목길을 되돌아본다. 아까는 보이지 않던 모습들이 들어온다. 나무는 옷을 다 벗었기에 나무줄기와 휘어진 가지가 만든 멋진 조형미를 보여준다. 삭풍 속에서 오히려 의연한 기품이 감돈다. 바람에 날리어 쌓인 나뭇잎들은 차가운 땅을 폭신하게 덮어 그윽한 정취를 자아낸다. 사진 찍는 이들, 음식점 앞의 젊은이들은 생동하는 기운을 골목 가득 뿌린다. 까만 아스팔트 캔버스에 그림이 된 낙엽은 명화보다 아름답다.

나는 이 모든 풍경 속에 또 하나의 풍경이 되어 천천히 골목길을 걷는다.

김녹희: 1997년 ≪수필문학≫으로 등단.

옹이

 겨울이 되니 배롱나무 한 그루가 미끈한 속살을 드러낸다. 나무는 제가 가진 것을 다 떨어뜨리고 나서야 고스란히 본 모습을 내보인다. 배롱나무의 짙은 분홍색 꽃은 초여름부터 피기 시작한다. 그 분홍색 꽃들이 올망졸망 피면 아담한 키의 여자 아이들이 머리에 꽃을 달고 서있는 것 같은 생각이 들곤 했다. 지난여름 창문으로 보이는 화사한 꽃들은 나에게 늘 환한 미소를 보내왔다. 그러나 이젠 가진 것들을 다 버리고 나무만 멀뚱히 서있다. 메마른 가지에는 빈 열매 껍질만이 달려 있다. 말라버린 껍질조차 무겁게 느껴질 만큼 가느다란 가지들이다. 그 연약한 가지들에 많은 꽃송이와 열매를 품고 살았으니 대견하다. 그동안 꽃만 바라볼 줄 알았지 다른 것에는 무심했다.
 배롱나무의 줄기에 작은 옹이들이 박혀 있는 것도 오늘에야 알았다. 긴 시간 동안 꽃이 피어 있는 위쪽만 볼 줄 알았지 나무 아래쪽에 굳은살처럼 박혀 있는 옹이가 있는 줄은 몰랐다. 울퉁불퉁한 옹이에 가만히 손을 대본다. 등딱지처럼 단단한 것이 손끝에 와 닿는다. 옹이는 나무의 상흔이라는데, 몸에 난 딱지를 뗄 때처럼 조심스러워진다. 비록 나무가 사람처럼 일일이 상처가 생긴 까닭을 말할 수는 없지만 아련한 아픔이 내 맘까지 전해진다. 차라리 나무가 그 까닭을 말하지도 듣지도 못 하는 것이 다행이라는 생각이 든다. 누구에게나 깊은 상처를 들춰내는 게 마음 아픈 일이기 때문이다.

밑동부터 뻗은 배롱나무의 나무줄기는 여섯 갈래로 나뉘어져 있다. 그 줄기마다 옹이의 모양이 저마다 다양하다. 어떤 것은 우물처럼 움푹 파였다. 그 깊은 곳에서는 튼실한 가지로 자라지 못한 한스런 이야기가 주절주절 흘러나올 것 같다. 어떤 것은 혹처럼 불쑥 튀어나온 모양을 갖고 있다. 그루터기가 반듯하지 않은 것을 보니 누군가의 힘에 의해 억지로 부러진 자국이다. 종종 이물이 옹이에 박혀 그대로 굳어진 것도 볼 수 있다. 이물은 나무줄기의 상처와 함께 아물어 버렸다. 저마다의 옹이는 한 그루의 줄기가 지켜내지 못 한 나뭇가지의 안타까운 사연을 담고 산다.

사람들도 저마다 크고 작은 옹이들을 갖고 살 것이다. 어떤 사람은 깊이 파인 옹이처럼 마음속 깊이 아픔을 숨기며 살기도 하고, 어떤 사람은 불쑥 나온 옹이처럼 자기의 아픔을 고스란히 내보이며 사는 사람도 있을 것이다. 또 어떤 사람은 제 몸에 없던 것도 받아들이며 함께 보듬으면서 사는 사람도 있을 것이다.

지금까지 살아오면서 내 마음속에도 크고 작은 옹이들이 많이 생겼다. 하늘을 향해 뻗다보면 자연스레 아래 줄기의 잎들은 햇빛을 받지 못한다. 결국은 제 몸을 위해서 아래 줄기는 죽고 만다. 나무의 아래 줄기처럼 스스로에게 상처 받아 생긴 옹이도 있고, 남에게 일방적으로 받은 상처 때문에 생긴 옹이도 있다. 그러나 이물까지 받아들여 제 몸으로 감싸 안은 옹이는 좀처럼 보이지 않는다.

 이런저런 생각에 젖어 있는 나에게 돌멩이 하나를 꼭 감싸고 서 있는 배롱나무의 옹이가 나지막하게 속삭인다. 세상의 모든 것들은 다 상처 하나쯤은 갖고 산다며, 나무의 옹이에서 가장 진한 나무의 향이 배어 나오듯, 사람의 옹이에서도 가장 진한 삶의 이야기가 배어 나온다고.

권예란: 2010년 《수필과 비평》 등단.

복어와 북어

연일 속이 더부룩하여 해장국을 먹고 있다. 해장국은 술을 과하게 먹은 사람들의 술기운을 풀기 위한 국이다. 아직까지 술 먹는 것을 배우지 못했으니 해장국은 나와 거리가 먼 음식이다. 술을 먹은 것도 아니고 평소 국을 좋아하는 것도 아닌 내가 연이어 해장국을 먹고 있는 것은 속을 해장하기 위해서라기보다 녹록치 않은 삶을 해장하고 싶음이 더 큰 이유라 하겠다.

해장국을 먹고 나니 이전에 불편했던 기운이 사라졌다. 삶의 해장이 잘 된 셈이다. 그것은 해장국의 재료인 북어와 복어가 큰 몫을 했다고 볼 수 있다. 이름에 붙은 점 하나의 위치에 따라 완전히 다른 성질의 어류가 되는 것도 신기한데 그 생김 또한 특이하니 세심히 보지 않을 수가 없다. 사는 일이 자갈처럼 자글거리며 편치 않아서 그랬는지 복어와 북어를 보는데 그들의 삶이 사람의 그것과 다르지 않음을 알게 되었다.

어제는 북어국을 먹었다. 참기름에 달달 볶은 북어채에다 무와 계란을 풀어 넣고 끓인 북어국은 시원하다. 해장국을 먹은 뒤에는 맛있다보다 시원하다는 말을 더 많이 한다. 그것은 텁텁한 속이 후련해졌다는 뜻과 답답한 마음이 뚫렸다는 의미를 담은 말이다. 몇 가닥 마른 북어채에 무슨 비법이 있기에 사람의 속을 이다지도 시원하게 풀어준단 말인가.

'사람의 일도 이와 같으리. 어긔야 어강됴리 아으 다롱디리'

북어는 지지리도 못났다. 찌부러진 작은 눈이 아래로 축 쳐져 있어서 겨우 눈의 위치만 알리며 붙어 있다. 말라비틀어져 오그라든 육감 없는 체구와 빳빳한 자세는 고집스러워 융통성이라고는 없어 보인다. 물기라고는 찍어내려고 해도 없을 푸석푸석한 몸이 북어의 감성을 말해 주고 있다.

'사람의 일도 이와 같으리. 어긔야 어강됴리 아으 다롱디리'

북어는 자신이 처한 입장에 따라 수시로 이름을 바꾸고, 성격도 때에 맞게 변화시키는 다중성을 가졌다. 갓 잡아 올린 싱싱한 생태, 얼리면 동태, 얼리고 녹이기를 반복하면 황태, 반쯤 말리면 코다리, 완전히 건조시키면 북어 이외에도 불리는 이름이 오십 가지가 넘는다. 요리의 종류에 따라 이름과 모습을 바꾸고 성질도 달리하고 나타나도 사람들은 지조 없는 생선이라 나무라지 않고 오히려 그 맛에 홀려들고 만다.

'사람의 일도 이와 같으리. 어긔야 어강됴리 아으 다롱디리'

북어는 백화점보다는 재래시장이 잘 어울린다. 먼지 날리는 시장

구석에 비닐을 덮고 최대한 측은한 모습으로 매달려 있다가 어느 정도 삶이 뭉근해진 여자들의 마음을 붙잡는다. 새파란 여자보다는 갈색으로 물들어가는 여자, 세련된 여자들보다는 어둔한 여자들에게 맹목적인 사랑을 받는다. 미각을 자극하는 일품요리의 재료도 아니면서 뭇사람들의 마음을 사로잡는다. 애주가에게는 시원하고 담백한 국물로 속을 비워낼 수 있도록 도와주고 속이 헛헛한 사람에게는 부담 없는 가격으로 허기를 달랠 수 있도록 해 주는 북어는 허름하지만 분명 마력이 있는 해장국 재료다.

'사람의 일도 이와 같으리. 어긔야 어강됴리 아으 다롱디리'

오늘은 복어국을 먹었다. 먹기 좋게 잘라 핏물을 빼놓은 복어에 무를 넣고 팔팔 끓이다가 마지막에 미나리로 맛과 향을 더하고 독성을 없앤 복어국도 두 번째 가라면 서러울 시원한 해장국이다. 그래서 해장국의 황태자라 불리기도 한다. 어지간히 입맛 까다로운 사람의 식성도 휘어잡는다. 복어는 독 때문에 손질하고 말리는 과정이 까다로워 온갖 정성을 다해야 하지만 요리는 간단한 것이 특징이다. 복잡하게 양념하면 할수록 담백한 맛이 없어지기 때문이다.

'사람의 일도 이와 같으리. 어긔야 어강됴리 아으 다롱디리'

복어는 바다 돼지라고 불리기도 한다. 생긴 모습이 돼지를 닮았는데 '꽥꽥' 소리까지 내다가 붙은 별명이다. 복어는 상대의 헛기침만으로도 놀랄 때가 있다. 그럴 경우나 습격을 당할 때, 물이나 공기를 사정없이 들이마셔 배를 빵빵하게 부풀린다. 이런 모습으로 일단 적에게 자신의 입지를 알리는 자기방어 능력이 탁월하다. 또 복어는 위협을 받으면 이빨을 갈아서 대응하기도 하고, 보이는 것은 닥치는 대로 물어뜯고 보자는 사나운 습성이 있다.
 '사람의 일도 이와 같으리. 어긔야 어강됴리 아으 다롱디리'
 복어는 조심해서 다루어야 하는 생선이다. 복어는 자격증을 갖춘 사람만이 손질하고 요리를 할 수 있도록 되어 있다. 알과 간장, 피에 독이 들어 있기 때문인데 복어를 속속들이 이해하고 그것만 잘 제거를 하면 참으로 단순한 생선이라는 것을 알게 된다. 그러나 그것을 알기 전까지 복어를 아무나 쉽게 요리해 먹기에는 매우 위험하다. '이승에서 유혹하는 저승의 맛'이라 불릴 만큼 이승에서 견줄 맛이 없을 정도지만 그 맛에 비례하는 독성이 있다. 가시가 있고 독이 있는 것들의 매력이라 할 수 있겠다.
 '사람의 일도 이와 같으리. 어긔야 어강됴리 아으 다롱디리'
 복어와 북어는 손질하는 순서가 비슷하다. 먼저 지느러미를 떼어내고 그다음 대가리를 잘라낸다. 이들의 지느러미를 먼저 떼어내는 것은 함부로 펄떡거리며 행동하지 말라는 의미일 성싶다. 그 다음으로 대가리를 잘라내는 것은 생각과 입을 조심하라는 뜻이 아닌가 싶다. 또, 복어는 성질이 사나워 제풀에 꺾이도록 놔둔 다음 요리해야 하고 북어는 사흘에 한 번씩 두들긴 뒤에 요리해야 간이 잘 밴다고 한다.
 '사람의 일도 이와 같으리. 어긔야 어강됴리 아으 다롱디리'
 참견할 일도 아닌 것에 성질부리며 가시를 세우는 복어나 몇 가지 모습을 가지고 사는 다중적인 북어도 결국은 한 그릇 해장국이 되어 누군가의 속을 풀어주며 사라진다. 복어 같아서 다루기 어려워 속을 상하게 하는 사람이나 북어 같아서 몇 가지 얼굴을 하고 사람의 속을 태웠던 사람도 지나고 보면 모두 인생의 스승이다. 어떤 모양의 사람이든 그의 삶도 벗겨보면 맨살인 것을.

복어와 북어가 해장국 재료로 인기가 좋은 것처럼 복어나 북어 같은 사람도 인기가 있다. 특히 목적이 있는 일에 목숨을 걸고 앞장서 주는 복어 같은 성격의 사람과 다중성격을 가지고 치밀하게 일을 추진해가는 북어 같은 사람은 찾는 이가 많다. 얼마 못 가서 누군가의 뱃속에서 낭자한 해장국이 되어 사라질 것이라는 것을 예상하면서도 그 일을 거절하지도 못하고 그만두지도 못하는 것은 두 생선의 시원한 장점이라 하겠다.

애써 끌고 온 바다를 사발 속에 풍덩 빠트린 복어와 북어는 누군가의 뱃속에서 처음으로 마음 편한 날을 보냈을 것이다.

*어긔야 어강됴리 아으 다롱디리: 정읍사에 나오는 감탄 여음구.

*여음: 뜻이 없으며 소리가 귀에 남아 있는 어렴풋한 울림. 여운.

주인석: 대구매일신문 신춘문예에 「올바리」로 수필 당선, 제주영주일보 신춘문예에 「맷돌」로 수필 당선.

매듭

　노인정 뒤뜰에 대나무가 무성하다. 하늘을 향해 곧게 서 있어야 할 대나무들은 누굴 기다리기라도 하듯 담장에 비스듬히 기댄 채 밖을 향해 고개를 내밀고 있다. 설렁설렁 부는 바람에 몸을 맡긴 댓잎들이 수런거린다. 서리서리 외로움을 풀어놓는 노인들만큼이나 할 말이 많은 모양이다. 마치 내 흉을 보는 것 같기도 하다.
　나는 참 냉정한 며느리다. 제사니 생신이니 하여 특별한 날이 아니면 일을 한다는 핑계로 시댁에 발걸음을 자주 하지 않는다. 살갑지 않은 며느리이니 애써 기다리지는 않겠지만, 오늘처럼 불현듯 어머님을 뵈러 가는 날도 있다.
　모처럼 낯을 내민 며느리의 정성을 생각해서인지 생선회를 마다 않고 받아 잡숫는다. 희미한 눈길로 내 얼굴을 잠시 더듬을 뿐 말이 없던 어머님이 불쑥 한마디 하신다.

"오늘이 스무닷새가?"

눈도 귀도 어두운 어른이 총기(聰氣)도 좋다며 감탄을 하는데, 곁에 있는 손가방 속을 더듬더듬 무언가를 꺼내신다. 가느다란 무명실이다. 자세히 보니 손가락 한마디 간격으로 매듭이 지어져 있다. 날짜 가는 걸 잊을까봐 하루에 한마디씩 묶어 놓는단다. 무시로 쓰다듬으며 날짜를 헤아리는지 흰 무명실이 까무잡잡하다. 저 가는 실에 조상님 기일이며 자식, 손자들 생일까지 묶어 두는 모양이다. 아흔 성상을 살아내는 동안 매듭에 묶어둘 일이 이름 지어진 날 뿐이겠는가. 평생 가슴에만 묻어두었을 뿐 차마 이름조차 짓지 못했던 날도 있었으리라.

"나는 친정이 없다."

오래 전, 마주 앉아 일을 하던 어머님이 담배에 불을 붙여 깊이 들이마시더니 연기를 내뿜듯 나직이 말씀하셨다.

여자에게 친정은 방금 대문을 나서도 돌아보고픈, 세상에서 가장 넓은 품이 아닌가. 그런 친정이 없다니 대꾸할 말을 잊은 채 가만히 나를 되짚을 뿐이었다.

결혼하고 얼마간 나는 시집이라는 울타리 안에 쉽사리 마음고름을 풀지 못했다. 싸우는 것 같은 말소리부터 시작해서 내가 자라온 분위기와 다른 면이 많아 마음이 편치 않을 때가 있었다. 그럴 때는 친정에 다녀와서 마음을 다잡곤 했다. 어머님은 그 일을 탐탁지 않게 여겼다. 아무리 다른 시대를 살아왔지만 어머님도 여자인데 친정을 향한 그리움을 진정 모르는 걸까. 서운한 생각이 들었다. 그런 마음을 짐작한 듯 당신의 어린 시절 이야기를 꺼냈다.

"맏언니가 강 건너로 시집을 갔느라. 아들이 없는 집에 장가 온 형부가 얼매나 좋던지."

기억의 저편에 묻어두었던 옛 일을 더듬으니 감회가 새로운지, 지그시 감은 눈가에 쌉싸래한 그리움이 묻어났다. 언니가 아기를 낳았더라는 이야기를 할 때는 주름진 입가에 슬며시 웃음이 번졌다. 여남은 살 무렵이었다니 사돈댁이 불편했을 만도 한데 아기를 봐주면서 한참 동안 언니 집에 머물렀다고 했다.

'세상에 더 없이 예쁜 꽃구경도 사흘이면 싫증이 나는 법인데 아무리 형부가 좋고 조카가 예뻐도 내 집, 내 부모님만 할까.' 고개를 갸웃거리며 듣고 있었다.

"언니 집에 한참을 있다 보이 실무시 집 생각이 나더라. 아니, 집 생각이 굴뚝같더라. 자고 눈만 뜨면 물고 빨던 조카도 눈에 안 들어오고, 밥도 안 넘어가더라."

그런데도 언니가 당신을 집에 데려다 주지 않았다는 대목에서는 물고 있던 담배를 깊게 빨아들였다가 한숨처럼 연기를 내뱉었다.

동생이 점점 기운이 없고 풀이 죽어가도 집에 데려다 주지 않은 언니는 무슨 마음이었을까. 그 시대의 농촌 생활이야 겪어보지는 않았지만, 어른들의 이야기나 문학작품을 통해 작은 귀퉁이라도 들여다보았다. 내남없이 힘겨운 생활이었을 텐데 왜……. 엉뚱한 상상의 나래를 펴는데 어머님이 또 한 모금 담배연기를 길게 뿜었다.

"내가 시들시들 말라가자 우짤 수 없었는지 언니가 나를 데리고 집으로 갔단다. 그런데 말이다. 식구들이 복작거리던 오두막집이 밑속처럼 조용하더라."

먹을 거 하나 갖고도 아웅대던 언니들, 애처로운 눈빛으로 바라보던 부모님 모습은 보이지 않고, 마당에 맘대로 자란 잡풀 위로 무심한 나비들만 날아다니더라는 어머님의 눈언저리가 불그레하게 물이 들었다. 이 땅에서 먹고 살기가 너무 힘이 들어 막내인 당신을 맏언니에게 맡기고 식구들 모두 만주로 가고 없었던 것이다. 어쩔 수 없는 형편이라 언니를 따라 되돌아갔지만, 열일곱에 시집오고는 한 번도 친정에 가 본 일이 없다며 마음속에 남아 있던 원망의 찌꺼기를 털어내기라도 하듯 담배연기를 후우하고 허공으로 날렸다.

평소 어머님은 억척스럽고 강한 분이었다. 내가 첫 아이를 낳고 기운을 못 차려 힘들어할 때, '나는 아침에 아 놓고 저녁에 길쌈했다.'며 무른 반죽처럼 널브러진 며느리 기를 눌렀다. 같이 부업을 하면서도, '너거 사 동시 다 덤비도 내한테 몬 이긴다.'며 힘쓰는 일은 어머님이 하셨다. 약한 모습이라고는 찾아볼 수 없던 어머님 가슴 속에 그런 아픔이 있으리라고는 생각하지 못했었다.

그 이야기를 하던 때로부터 이십수 년이 흘렀다. 그동안 이승의 연이 다한 자식을 앞세우기도 했고, 또 다른 자식이 파경을 맞는 모습도 보았다. 지금은 그런 기억마저 가슴에 묻었는지 내색을 않는다. 그저 예전부터 당신 이야기를 곧잘 들어주던 며느리가 왔으니 오늘이 며칠인가 확인을 할 뿐이다.

하지만 그 속이 온전할까. 바람막이 하나 없이 견뎌온 삶 속에 감당하기 힘든 일들은 수시로 당신을 괴롭혔고, 그 중 큰 아픔은 살붙이들이 떠난 일이었으리라. 처음에야 온다간다 말 한마디 없이 떠난 부모님이나, 당신보다 이승의 삶을 앞서 마감한 자식을 그리워만 했을까. 어떻게 그럴 수가 있느냐고 원망을 하며 눈물로 밤을 지새우기도 했겠지. 사람살이에서 원망과 그리움의 경계가 그리 두드러지던가. 지극히 그리운 마음이 원망의 눈물을 쏟게 했을 터. 어느 누구에게도 넋두리조차 할 수 없었던 아픈 일들은 날카로운 송곳이 되어 수시로 가슴속을 후벼댔을 것이다. 떠난 이를 향한 그리움이 사무칠 때마다 속은 까맣게 타들어가다 못해 단단한 마디를 만들고, 그래도 속이 허하다는 사실을 누구에게도 보이고 싶지 않아 더 단단한 겉모습으로 단장도 했겠지. 수없이 해지고 아문 상처들은 열 길 물속보다 더 깊어진 어머님 가슴속에 풀리지 않는 매듭으로 박혀 있을 것이다. 삶의 비바람 앞에 맥없이 주저앉지 않게 어머님을 지탱해 준 건 그 매듭들이었는지도 모른다.

당신 앞에 열린 녹록치 않은 삶을 덤덤히 엮어온 어머님, 그 손끝에서 살아나는 손때 묻어 까만 실이 담장 밖으로 고개를 내밀고 있던 대나무를 닮았다는 생각이 든다. 대나무라면 마땅히 땅에 뿌리를 내리고 사는 게 자연의 이치지만, 간절한 그리움을 안고 사는 누군가의 가슴엔 가끔, 아주 가끔은 속 검은 대나무로 뿌리를 내릴 때도 있음이라.

어머님은 늘 자식들이 힘들지 않기를 빌며 하루를 열고 닫는다고 했다. 하지만 오늘은 엉뚱한 생각이 꼬리를 문다. 망백(望百)의 연세인 어머님의 진정한 속내가 무얼까. 오랜 옛날 당신을 두고 만주로 떠난 부모님을 그리워하며 나날을 보내고 있는 건 아닐까. 평생 원망하는 마음을 안고 살았지만, 이제는 부모님 곁으로 돌아갈 날을 기다리며 하나 둘 매듭을 짓는 건 아닐까. 저 무명실 매듭이 늘어갈

수록 어머님이 부모님을 만날 날은 가까워지겠지.

매듭이란 단단하게 묶여 있어야 제구실을 한다고 할 것이나 숨을 쉬는 사람의 가슴속에 풀리지 않는 단단한 매듭이 있다면 어찌 그 구실을 논하겠는가. 무명실로 하루를 묶는 일은 가슴속에 박힌 십년의 그리움을 풀어내는 일이리라.

"오늘이 스무나흘이가?"

매듭 하나를 빠뜨렸는지 처음부터 다시 세어나간다. 하루 이틀 사흘 세월을 더듬고 있는 어머님 모습이 자꾸만 흐려진다. 조심스레 하루를 건너가는 어머님 손끝에서 눈을 뗄 수가 없다.

최해숙: 2009년 토지문학제 평사리 문학대상 수상.

썩는 것은 모두 아름답다

어디서 날아왔는지 검은 비닐봉지 하나가 봄바람에 꽃잎처럼 휘날리고 있다. 땅으로 살포시 내려앉는가 싶더니, 짓궂은 바람이 달려와 비닐봉지를 하늘 높이 연처럼 띄워 올린다. 흡사 줄이 끊어진 연처럼 자유롭다. 검은 비닐봉지는 내게 온갖 묘기를 보여 준다.

제자리에서 빙글빙글 맴돌다가도 재빠르게 땅으로 내려와서는 또다시 하늘 높이 날아오르는 것이다. 땅으로 내려오고 싶어도 내려올 수 없는 비닐봉지의 저 가벼움. 무언가를 묵직하게 담고 있었더라면 꽃잎처럼 휘날리지는 않았을 게 아닌가. 바람에 날리는 검은 비닐봉지를 바라보면서, 내 삶도 저 비닐봉지처럼 가벼워서 삶의 바람에 이리저리 부대끼며 날아다니지 않을까라는 생각이 문득 들었다. 그러나 민들레 홀씨처럼 날아다니다가 다행히 이 척박한 땅에 뿌리를 내렸으니, 내 삶을 뒤돌아보게 해 준 검은 비닐봉지이기도 하다.

한참 동안 묘기를 부리던 검은 비닐봉지가 바람이 잠시 한눈을 파는 사이에 농장 앞 보리수 나뭇가지 위에 살짝 걸터앉는다. 그러나 내 손이 닿기엔 너무 높은 곳에 앉아 있었다. 이런 내 마음을 눈치 챘는지 바람은 내 발 앞에 비닐봉지를 슬쩍 내려놓는다. 나는 비닐봉지가 또 다시 날아가 버릴까 봐 얼른 주웠다. 농장 앞으로 휙휙 지나다니는 차들이 비닐봉지를 어디론가 데려가 버린 적이 있었기 때문이다. 비닐봉지를 쓰레기봉투 속에다 깊이 묻었다. 짖궂은 바람이 다시는 데려갈 수 없도록 꼭꼭 묻어 주었다.

꽤 낡은 비닐봉지다. 그러나 나는 이 비닐봉지가 어디서 날아왔는지, 그동안 무엇을 담고 살았는지 아무 것도 알지 못한다. 누군가의 삶을 위해서 무언가를 열심히 담고 살았던 것만은 분명했다. 그것이 비닐봉지의 삶이자 운명인 것을 비닐봉지도 알고 있었을 것이다. 그래서 고달팠던 삶을 훌훌 털어버리고 연처럼 하늘 높이 날아오르고 싶었는지도 모른다. 아니면 아직도 할 일이 많이 남아서 그렇게 서성이고 있었는지도 모르겠다.

연처럼 우아하게 날 수 없는 비닐봉지를 보고 함부로 웃을 수가 없었다. 세상에는 제 의지대로 할 수 있는 것도 많지만, 제 의지와는 상관없이 삶을 살아가는 수가 허다하기 때문이다. 삶의 목표가 없이 살아간다면 저 비닐봉지처럼 정처없이 떠돌다가 제대로 썩지도 못한 채 사라져 버릴 것만 같아서, 다시 한 번 내 삶의 목표를 되짚어 보곤 한다. 함부로 태워 버릴 수도, 그렇다고 묻어 버릴 수도 없는 비닐봉지의 삶이 내 삶인 듯 애처롭기 그지없다.

종이나 박스 종류는 소각장에서 태워 버리고, 음식물 찌꺼기들은 농장 옆 언덕에다 구덩이를 파서 묻어 버린다. 두어 달 가량 지나서 그 자리를 파보면 음식물 찌꺼기들은 온데간데 없고 기름진 거름이 되어 있는 것이다. 봄이면 그곳에다 박이며 호박 모종을 심는다. 봄부터 서리가 올 때까지 왕성하게 줄기를 뻗어선 셀 수 없이 많은 열매를 달아주곤 한다. 윤기가 흐르는 박과 호박들을 따서 한 덩이씩 나눠 주면 호박꽃처럼 활짝 웃던 이웃들. 악취가 나는 음식물 찌꺼기들이 썩어서 토실토실한 열매를 달아 주었는데, 마치 내가 키운 것처럼 인심을 쓰고 있었으니, 이런 나를 보고 박과 호박들은 얼마나 수근대며 웃었을까.

　봄에 채소를 심기 위해 채전밭을 일구다 보면 검은 비닐봉지가 자주 나오곤 한다. 심한 악취 때문에 비닐봉지째 묻었던 것 같다. 음식물 찌꺼기들은 썩어서 온데간데 없는데, 썩지 않은 비닐봉지들이 삽 끝에 딸려 나오는 것이다. 수 년 아니 수십 년이 지나도 썩지 않을 비닐봉지들이 눈을 부릅뜨고 나를 바라본다.

　그 비닐봉지를 보니 악취가 나던 음식물 찌꺼기들이 아름답다는 생각이 문득 들었다. 비닐봉지와 함께 썩지 않고 있었더라면 그처럼 토실토실한 열매를 달 수 있었을까. 비록 악취가 나는 삶을 살았다 해도 세월이 흐르면 썩고 발효가 되어서 인생의 황혼에는 아름다운 꽃을 피워 줄 것만 같았다. 회한으로 가득 찬 내 삶이 갑자기 소중하게 느껴지는 순간이기도 했다.

　똑같이 심은 박과 호박 모종인데도 줄기가 왕성하지 못하고 누렇게 겨우 생명을 이어가던 곳은 저 검은 비닐봉지들이 묻혀 있었던 게 아니었을까. 아니면 병 조각이나 화분 조각이 묻혀 있었는지도 모르겠다. 수천 년이 지난 뒤에 유물로 남아 귀한 역사자료가 되면 좋겠지만, 그렇지도 못한 것들이 썩지도 못한 채 땅속에 그냥 묻혀 있다면 얼마나 흙들을 오염시킬까. 비닐봉지는 비닐봉지대로 모으고, 병 조각과 화분 조각들은 밭두렁이 무너지지 않게 깊이 박아 울타리를 만들었다.

 생명 있는 것들은 모두 썩기 마련이다. 아름다운 꽃들과 나무들, 저마다의 색깔로 지저귀는 새들과 동물들, 붕어빵처럼 닮은 성형미인들도 인생의 겨울에 가서는 모두 다 썩고 만다. 썩기 위해서 태어난 생명인 것이다. 만약에 썩지 않고 그대로 묻혀 있다면 지구는 어떻게 될 것이며, 새 생명은 이 좁은 곳을 어떻게 비집고 살아갈 것인가. 떠날 때를 아는 낙엽처럼 아름답게 썩는 것, 썩어선 누군가의 거름이 되어 주는 것, 그것이 생명 있는 것들의 사명이자 권리일 것만 같았다.

 매화꽃과 산수유꽃이 지고나면 벚꽃이 피고, 벚꽃이 질 때쯤 목련이 피어난다. 모두가 아름다운 꽃들이다. 그러나 떠날 때를 아는 혜안(慧眼)을 가진 꽃들이기도 하다. 또한 썩고 발효되어서 아름다운 거름이 될 줄도 안다. 사람이 꽃보다 아름답다고 했지만, 이 꽃들처럼 아름다운 인생을 피웠다가 떠날 때는 정녕 미련없이 떠날 수 있을까. 나는 살아오는 동안 이 꽃들처럼 누군가의 아름다운 거름이 되었던 적이 몇 번이나 있었던가를 생각해 보았다.

 누구나 저 꽃들처럼 아름답지 못한 삶을 살았거나 누군가를 위해 아름다운 거름이 되지 못했다 해도 슬퍼하지 말 일이다. 검은 비닐봉지처럼 수년 아니 수십 년이 지나도 썩지 않는 것이 아니라 아름답게 썩을 수 있기 때문이다. 썩는다는 것은 다른 생명에게 자리를 내어주는 일이며, 우리가 사는 지구를 아름답게 가꾸는 일이기에 그것만으로도 기뻐하고 감사하며 살 일이다. 세상에는 어느 것 하나 아름답지 않는 것이 없지만, 썩는 것이 가장 아름답다는 것을 밭에 묻힌 검은 비닐봉지를 보고 새삼 깨닫는다.

쓰레기봉투 속에 꼭꼭 묻어 둔 비닐봉지가 훨훨 날아다니고 싶은지 자꾸만 부스럭대는 것만 같다. 애초에 생명 있는 것으로 태어날 일이지 하필이면 비닐봉지로 태어났는가 물었더니, 누군가는 비닐봉지가 되어야만 할 게 아니냐며 오히려 내게 묻는 듯하다. 썩지 못하는 비닐봉지의 애절함이 낙화가 되어 내 가슴속에 수북히 쌓이고 있다.

썩지 않은 비닐봉지를 물끄러미 바라보다가 문득 어저께 심어둔 박과 호박모종이 생각나 언덕을 쳐다보니, 초록의 떡잎들이 불어오는 바람에 마냥 한들거리고 있었다.

김원순: 1992년 월간 ≪한국시≫ 등단. 1994년 월간 ≪수필문학≫ 추천완료.

역시 내 아들

 아내는 꾀병을 부리지 않는다. 내가 알기로 아직까지 한 번도 그런 적이 없다. 그러므로 아내가 아프다고 말하면, 실지로 어디에 탈이 난 것이다. 설령 몸이 멀쩡하다고 해도 그래. 아마 속이라도 상했으리라. 그래서 저렇게 요를 깔고 누웠으리. 아무도 본인을 대신해서 앓을 수는 없다. 그렇다고 이치가 그러니까, 그저 감기에 걸렸나 보다 하며, 나 몰라라 할 수는 없다. 그러다가는 아내가 나를 원망할 것이다. '어째 사람이 그렇게나 매정하냐?' 이러면서 내가 앓았을 적에 자신이 보인 태도를 거론할 것이다. 이래서 나도 아내 곁에 드러눕는다.
 나는 아내의 이마에 손도 대어본다. 이마가 뜨겁다. "어휴, 김기에 걸렸네." 이러면서 나는 물수건이라도 준비한다. 아무리 증상이 가벼워도 아기는 위험하다. 또 노인도 마찬가지이다. 그러나 아내가 그렇지는 않다. 그래서 나도 내심 염려하지는 않는다. '저러다가 곧 낫겠지.' 아내 이마에 열이 없을 때도 있다. 그렇다고 내가 "뭐, 괜찮네!" 하지도 않는다. 이러면 환자가 섭섭하니까. 이마를 만지고도 가만히 있기는 어쩐지 머쓱하다. 그래서 내 자신의 이마를 손바닥으로 대어본다. 열이 날 리 없다. 그래도 내가 목청을 높여 이렇게 말한다.
"아이고, 나도 여기에 열이 있네!"
몸살감기에 걸리면 누구나 고생한다. 으슬으슬한 게 뭔가 심상찮은 기운이라도 돌면, 나도 만사 제쳐 두고 일단 자리에 누워 이불을 덮고 푹 잔다. 안이하게 굴다가 곤욕을 치른 적이 몇 번이나 있었으니까. 특히 환절기에는 몸을 잘 챙겨야 한다. 나도 전문가들한테 감기와 독감이 어떻게 다른지를 들은 적이 있다. 그러나 그걸 아는 속도와 순서에 맞춰 나는 다 잊었다. 이런 내가 도대체 뭘 할 수 있겠는가? 얼마 전에도 나는 아내 곁에 누워서 아픈 척을 했다. 내가 몸이야 멀쩡하더라도 마음은 아파야 하지 않겠는가.

문명사회 현대인들도 미개사회 원시인들과 별반 다르지 않다. 언젠가 내가 기록영화를 봤더니, 여기에 아주 재미난 장면이 나왔다. 부인이 산고를 겪자, 남편도 덩달아 산고를 겪는다. 그러면 실지로 남자가 아프냐? 에이, 남편이 아내를 걱정할 수는 있을 것이다. '혹시 저러다가 저 사람이 죽는 건 아닐까?' 그래도 남자가 산통을 느낄 수는 없다. 그러나 시늉이라도 해야 하는 게 그 사회의 풍습이다. 누가 이걸 무시하면 아마 후환이 따르리라. 그러니 그 사나이도 아프다며 울부짖어야 하지 않으랴.

내가 그를 알지 못하고, 그가 나를 알지 못해도, 그 사나이와 나는 분명 통하는 데가 있다. 그러나 나는 아무래도 그 사나이에 미치지 못한다. 내게는 커다란 약점이 있으니까. 나는 머리를 바닥에 대면 이내 잠들어버린다. 누구는 아파서 끙끙 앓는데, 나는 곁에서 잠을 쿨쿨 잔다. 이건 곤란하다. 그래서 나는 때때로 수마(睡魔)를 이기려 분투한다. 갑자기 너스레도 떤다. 뭐가 못마땅하더라도 이때에는 내색하지 않는다. 나는 외려 여기 이렇게나 위대한 인물이 있다며 칭송한다.

내 표현대로라면 아내는 거의 선녀(仙女)에 가깝다. 그러나 내 가까이 있는 분이야 잠시나마 식욕이 없더라도, 나는 배가 고프다. 이게 새로운 고민이다. 아내가 아프다며 저러고 있는데, 내가 밥 달라고 하나. 아이들도 있는데 그만 한 끼쯤 굶자고 하나. 밥이야 어떻게 짓는다 하더라도 반찬은 뭘 어떻게 하시? 라면이라도 몇 개 끓일까? 아무리 궁리해도 묘안이 없다. 당장은 내게 선녀가 아니라 요리사가 필요하다. 그날도 그렇게 누워 있자니, 아들이 방으로 들어온다. 그러고는 내 가까이 오더니,

"아버지, 아버지……."

한다.

딴에는 나만 들으라고 목소리를 낮춰 속삭이는데, 그 소리가 너무나 크다. 그래서 아내도 나도 다 듣는다. '이 녀석이 또 몰래 빵이라도 먹자고 이러나?' 아들이 목소리를 낮추는 만큼 모두 귀를 기만히 기울인다. 나는 습관대로 그 언행에 어울리게 음량과 음색은 물론 음조까지 맞춰 물었다.

"왜~에?"

그러자 아들이 이런다.

"어머니가 감기에 걸렸어요."

나도 안다. 그래서 내가,

"그래, 나도 알아."

했다. 그러자 아들이,

"그러니까 빨리빨리 피하세요. 아버지한테도 감기가 옮을 수 있어요."

한다. 아, 아들이 나를 이렇게나 걱정하다니, 이 세상에 이런 효자가 어디에 또 있을꼬? 그러나 아내는 이렇게 탄식한다.

"어쩌면 저렇게나 인정머리가 없나……."

아픈 것도 권력이다. 그러니까 이런 성토도 이렇게나 쉬이 나온다. 그러나 아내가 아파서 그런지 몰라도 그 판별이 다 공정하지는 않다. 내가 감기에 걸렸더라도 아들은 제 어머니한테 피하기를 권했을 것이다. 그러니까 누가 누구의 마음을 몰라주었다기보다는 이건 어디까지나 나름대로는 합당하게 생각하고 행동한 것이다. 그렇지만 이 사회에서도 이러면 후환이 따른다. 그래서 나도 아들의 노선에 동조하지 않았다. 그러기는커녕 도리어 나는 '함께 병을 앓기로 했다' 며 의뭉을 떨었다. 이러자 환자로 돌아온 선녀의 푸념이 아들에게로 쏟아진다.

"아이고야! 어머니가 아프면, 아들은 용돈으로 초콜릿이라도 한 개 사서 '이것 드시고 빨리 나으세요' 해야지. 아이고, 뭐가 어쩌고 어쩐다고?"

이러면서 그만 위대한 말씀이 한동안 이어진다. 이러더니 아내는 이불을 푹 덮어쓰고 꼼짝도 하지 않는다. 그 곁에서 나도 역시 이불을 푹 덮어쓰고 아픈 척을 했다. 잠깐이나마 아들은 외로웠을 것이다. 나도 아들을 두둔하지는 못했으니까. '아들아, 미안하다. 네가 다 이해해라.' 이게 내 마음이었다. 그러자 아들이 부스럭거리더니 현관문을 열고 나가는 소리가 들린다.

"어? 녀석이 정말 초콜릿을 사러 가나?"

이러면서 아내와 내가 쑥덕거리노라니, 아들이 다시 돌아오는 기척이 났다. 우리들은 마치 중환자라도 되는 양 있기로 했다. '저 녀석이 뭘 어떻게 하나?' 우리들은 이게 궁금했다. 과연 아들이 가게에 가서 초콜릿을 한 개 사왔다. 그리고는 제 어머니더러 이 초콜릿을 드시고는 금방 건강을 회복하시라 한다. 그게 얼마 하더냐는 내 물음에 아들이 700원이라 대답했다. 그 초콜릿 한 개를 식구 네 명이 나눠 먹었다. 이리하여 '인정머리 없는 녀석'도 돌연 '장한 아들'로 돌아왔다. 나는 이런 변화를 크게 환호하며 초콜릿값으로 아들한테 2,000원을 주었다.

김인기: 1991년 ≪월간에세이≫로 등단.

빈 봉투

시아버님이 돌아가신 후 유품을 정리하였다. 많은 책과 옷, 우편물, 수첩, 스크랩해 놓은 파일, 주일마다 교회 출석을 못하실 때 모아 놓은 주보, 성경 전권을 정성스레 필사 해놓은 공책 등등……. 여러 가지가 있었으나 내 눈에 들어오는 특별한 것이 있었다. 큰 봉투는 큰 것대로 그리고 중간 크기에 것은 그것대로 그리고 아주 작은 것은 작은 것대로 크기를 맞추어 묶음을 만들어 놓은 많은 양의 빈 봉투 뭉치였다.

신문에 끼어 들어오는 전단지로 만든 봉투를 비롯하여 포장지로 만든 봉투, 쓰고 남겨진 공책 장으로 만든 봉투, 하얀 도화지로 만든 봉투들이 주인을 잃고 잠자고 있었다.

아버님은 언제부터인지는 모르지만 봉투를 만들기 시작하셨다. 시간이 날 때마다. 틈틈이 전단지, 포장지, 노트장 그 밖에 봉투가 될 만한 것이면 무엇이든지 모으셨다. 그리고 자로 재어 카터를 이용하여 재단을 하고 모서리에 풀칠을 정성스럽게 하여 봉투를 완성하여 묶음으로 묶어 두셨다. 아버님 방을 청소할 때 정리하면서 왜 이렇게 많은 양의 봉투를 만드실까 쓸데없는 일을 하신다 생각하며 귀찮다는 생각을 한 적도 있었다. 하지만 생활이 무료해 손 운동 삼아 하시는가 보다 생각하며 정리를 해서 두었다.

빈 봉투를 정리하다 오래전 잊었던 빛바랜 추억을 떠올렸다.

결혼 전 이십대 초반 나는 교회에서 중고등부 학생들을 지도하는 교사였다. 참길회라는 명칭으로 우리 모임은 나름대로 재미있었다. 성가제에 나아가 삼연패를 하여 트로피를 받고 나름대로 성취감을 맛보기도 하고 기도원에 가서 성령체험을 통하여 신앙생활에 행복감과 감사를 느끼기도 하였었다. 그 행복감과 감사함을 표현하기 위해 어버이날 어른들을 모시고 참길회 주최로 위로회를 갖자는 안이 나왔다. 그러나 문제는 비용이었다. 학생들의 용돈을 모아 가지고는 어림없는 일이고 우리는 의논 끝에 봉투를 만들기로 결정하였다.

그 시절 70년대에는 상점에서도 수공으로 만든 종이봉투를 사용하였고, 쌀집에서 됫박 쌀을 사는 영세한 가정이 많아 어려운 가정에서는 가게에서 사용하는 빈 봉투 만드는 부업이 성행하던 시절이었다. 우리들은 매일 밤 교회에 나가 양계장에서 사료봉투를 모아다가 재단을 하고 밀가루로 풀을 쑤어 여러 장의 봉투를 만들어 기금을 만들었다.

그리고 어버이날 어른들을 모시고 조촐한 감사의 위로회를 가졌다. 비용이 적으므로 음식으로는 밀가루를 사다가 칼국수를 만들고,

과일과 과자로 상을 차렸고, 그동안 준비한 노래와 율동으로 재롱을 부렸으며 끝마무리로 어른들 등 두드려 드리기와 절을 하였다.

지금은 그들을 만나지는 않지만 들려오는 소문에 여러분의 목사님과 공무원 직장인 주부가 되어 요직에서 일한다는 이야기를 듣는다. 아마도 참 길을 가고 있을 거라고 나는 늘 믿고 기도하고 있다.

시아버님은 생전에 만들어 놓은 빈 봉투를 사용하시며 가족들과 지인들에게 많은 것을 주셨다. 하얀 봉투에는 자녀들에게 용돈을 주실 때나 어려운 학생들에게 학자금을 주실 때 사용하셨다. 그리고 전단지로 만든 중간 크기의 봉투에는 과자나 과일을 넣어 주셨다. 그리고 조금 튼튼한 종이로 만든 봉투는 무거운 물건을 상대에게 줄 때 사용하셨다. 그리고 포장지로 만든 보기 좋은 봉투에는 권하고 싶은 책을 주실 때 사용하셨다.

나는 시아버님이 준비하고 다 사용하지 못한 봉투를 헤아려 보며 아버님 마음을 읽어 본다. 누구에게 무엇을 주고파 이렇게 많은 봉투를 만드신 것일까? 생활이 어려운 사람이나 돈이 없어 학업을 중단해야 할 학생들을 위하여 준비하신 것일까? 아니면 아직도 성숙되지 않았다고 생각하는 자녀들에게 글을 남기시려 만든 봉투일까. 그것도 아니면 하나밖에 없는 며느리인 내게 많은 사람들과 무엇이든지 나누는 생활을 하라는 가르침의 의미일까. 많은 생각을 하며 어른이 다 사용하지 못하고 남기신 빈 봉투들을 두 손 가득히 잡아 가슴에 안아 본다. 분명 코끝으로는 알싸한 종이 향과 풀냄새가 나지만, 가슴과 손끝에 전해오는 느낌은 포근하고 따듯하다.

두 손자에게는 초등학교부터 용돈을 주시며 금전출납부를 쓰도록 하셨다. 그리고 성경요절을 암송하도록 하시며 봉투에 상금을 넣어 주셨다. 아이들이 상급학교에 갈 때 봉투를 이용해 학자금을 주셨으며 맛있는 과자가 있으면 전단지로 만든 봉투에 넣어 주셨다. 그리고 며느리인 나에게는 그 흰 봉투에 돈 대신 격언이나 명언 영어 성경요절 등을 적어 주시기도 하셨다. 이렇게 구십 평생을 봉투를 사용하며 전하는 생활을 하셨는데, 남은 봉투는 나에게 어떤 의미로 남기신 것일까? 아버님은 이렇다 할 특별한 유언을 남기지 않고 목요일까지 출근해 일하시다 토요일 하늘나라로 가셨다. 그러나 어렴풋이 나는 알 것만 같다. 아버님이 생활하셨던 모습 속에서, 아버님의 영정 앞에서 여러 인연으로 만났던 많은 사람들의 흘리는 눈물 속에서, 그리고 아버님이 빈 봉투에 써 주신 글을 식탁 유리 밑에 넣어 놓고 들고나며 들여다보는 남편의 행동 속에서, 아버님이 남기신 빈 봉투의 의미를……

김영희: 1992년 《수필공원》(현 《에세이문학》)으로 등단. 허균문학상 금상 수상.

카운트다운

나는 수에 대해서 퍽 아둔한 편이다. 복잡하게 배열되어 있거나, 단위가 높은 수를 보면 머릿속이 멍~ 해진다. 나는 그저 열 손가락으로 헤아릴 수 있을 정도의 수들이 좋다. 그런 수들은 나를 멍하게 만들지는 않는다. 그런 수들인 경우엔, 그들이 지닌 부피, 질량, 길이 등이 쉽게 머릿속에 잡혀진다.

나는 복잡한 수보다는 단순한 수, 그리고 많은 수보다는 적은 수에 친밀감을 느낀다. 내가 절실해지는 것은 결코 큰 수가 아닌 작은 수 앞에서이다. 그리고 그 절실함은 수를 더해 갈 때보다는 감해 내려갈 때 더욱 심각해진다.

수가 있는 이상 모든 것은 유한하다. 그러니까 숫자에서 탈출하는 자만이 꿈꾸는 영원을 얻게 될 것이다. 타의든 자의든, 나는 제로를 향해 나아간다.

유한한 목숨을 지녔기에 어쩌면 그건 필연일지도 모른다. 어찌 되었건 완벽한 제로 상태에 이르게 되면 숫자에서 탈출한 것 같은 해방감을 느낄 수 있다. 그러나 그런 상태는 실로 한순간에 있을까 말까. 어느새 나는 또 숫자에 골똘히 빠져 있는 것이다.

어린 시절 어머니는 먹을 것이 있으면 동생과 내게 똑같이 나눠 주셨다. 그때 제일 맛있었던 것은 역시 알사탕이 아니었나 싶다. 사탕 한 봉지를 받아 가지는 날은 부자가 된 기분이었다. 먹지 않고 그냥 갖고만 있어도 달콤하고 든든한 느낌이었다.

그러나 우리는 얼마 못 가서 이내 카운트다운을 시작하는 것이었다. 봉지 속에서 하나씩 꺼내 먹을 때마다 먹어 버린 사탕의 숫자를 헤아리는 것이 아니고, 봉지 속에 남아 있는 사탕의 숫자를 헤아렸던 것이다.

언니야, 이제 아홉 개 남았나. 또 하나 꺼내어 먹고는 이제 여덟 개지? 한쪽으로 물면 볼퉁이가 볼록해지는 사탕을 우리는 되도록 천천히 녹여 먹으려고 했다. 그래서 이리저리 굴리지도 않고 가만히 물고만 있는데도, 사탕은 참으로 달고 달아 어느새 입 속에서 녹아 버리는 것이었다.

행복은 왜 그렇게 금방 녹아 버릴까. 야금야금 없어져 가는 사탕을 아쉬워하면서, 아껴 두었던 마지막 하나마저 입 속에 밀어넣던 어린 날.

요즈음, 나는 어린 시절의 사탕봉지 생각을 자꾸만 하게 된다. 아름다움, 젊음, 기쁨, 행복, 사랑…… 말만 꺼내어도 단맛이 우러나는 그런 것들은 손에 쥐어졌다고 생각하는 그 순간에 사실상 카운트다운에 들어간 것이나 같기 때문이다.

어차피 소멸해 버리는 것, 우리 가슴속에 무지개 같은 환상으로나 남아지는 그런 것들. 처음부터 갖지 않으면 상실의 아픔도 없으련만, 그걸 예상하면서도 단맛은 누구나 좋아하여, 그 맛을 추구해 가며 사니 그것이 문제다.

어렸을 때부터 나는 차멀미가 심한 편이었다. 어머니를 따라 동해안으로 가는 길이었다고 생각된다. 속이 울렁거리고 머리가 흔들려서 견디기 어려웠다. 어머니는 당신의 무릎에 내 머리를 눕히고는 한잠 자라고 하셨다. 그렇게 누우니 메스꺼움이 조금 덜해지는 느낌이기도 했다.

겨우 잠이 들었나 싶었다. 그러나 차의 흔들림과 소음 때문에 금방 깨어나 버렸다. 메스꺼움을 견디는 것이 얼마나 힘들었던지, 죽는 게 나을 거라는 생각도 했었다. 어머니는 창백한 내 얼굴을 내려다보시면서 안쓰러워하셨다.

참 용하구나. 이제 얼마 안 남았으니 조금만 더 참으면 된단다. 내 머리를 가만히 쓸어 주시면서, 얼마 안 남았다 하시는 바람에 나는 겨우 지탱이 됐던 것 같다.

나는 속으로 계속 남은 거리를 어림하면서 카운트다운을 했었다. 어머니, 아직도 한 시간 남았지요? 아니, 조금 남았다. 한참 있다가 내가 또 어머니, 아직 삼십 분 남았지요? 했더니 어머니는 그래, 이젠 다 온 거나 같다 하시었다. 삼십 분이나 남았는데도.

고통의 순간에는 시간이 너무 더디었다. 그건 지금도 마찬가지다. 마음이 괴로우면 시간은 마냥 거북이 걸음이다. 괴로움에 뒤채며 지새우게 되는 불면의 밤은 얼마나 길던가.

나는 요즈음, 시간의 흐름에 감사하는 마음이다. 더디게 느껴지는 그 시간이 고통의 무게를 카운트다운하기 때문이다. 잘 다스려지지도 않고, 꼼짝하지도 않는 아픔들을 다독거리면서 그 무게를 조금씩 가볍게 해주는 세월, 그 손길에서 이제 얼마 안 남았다 하시던 어머니의 음성을 듣는 것이다.

시간은 모든 것을 삼킨다. 불꽃보다 더 이글거리던 격정, 환희, 분노들, 그리고 바위보다 더 무겁게 짓누르던 절망, 고통, 슬픔들…… 모두를 시간은 삼킨다. 우리들 삶의 흔적이란, 시간의 벌판에 잠시 어른거렸다 사라지는 신기루 같은 게 아닐까.

유한한 목숨들이 영원의 문으로 들어설 때, 가장 가벼운 몸짓으로 날아들 수 있도록, 시간은 친절하게도 카운트다운을 하는가 보다. 우리를 텅 비우게 하려고.

문혜영: 1982년 계간 ≪시와 시론≫ 추천완료.

구름 속에 머문 기억

'공(空)에 대해 많이 알아서 법명(法名)이 지공(知空)이냐'는 나의 물음에 미소 띤 얼굴을 붉히며 "아는 바가 너무 없어 지공이에요." 샘가에 앉아 저녁 설거지를 하던 스무 살 남짓 비구니 스님은 들릴 듯 말 듯 작게 말했다.

반듯한 이마에 그린 듯 고운 눈썹은 정갈했고 파랗게 깎은 머리와 맑은 눈, 그리고 단정한 입 매무새는 수행자의 모습이 역력했지만 발그레한 두 뺨은 아직도 앳된 소녀의 모습 그대로였다.

대학 2학년 여름방학, 학교도서관에서 여행 계획을 세우던 나는 무심코 집어 든 낡은 잡지 속에서 진귀한 사찰 하나를 찾아냈다.

「천불천탑(千佛千塔)의 가람 – 화순 운주사!」란 제목의 특집기사엔 사진도 여러 장 실렸었는데, 여기저기 늘어선 석불과 석탑의 모습은 놀라웠고 특히 산중턱에 자리 잡고 누운 한 쌍의 거대한 와불

(臥佛)에선 도저히 눈을 뗄 수가 없었다.

이렇게 맺은 이 절과의 인연은 바로 그날로 배낭을 꾸리게 했고 다음날 아침 첫 기차를 타도록 내 등을 떠다밀었다.

현재는 세간에 널리 알려지고 유명관광지가 되어 있어 찾는 이의 발길이 끊이지 않지만 삼십여 년 전 내가 처음 찾아갔을 때만 해도 한낱 지방 오지(奧地)의 보잘것없는 작은 사찰에 불과했다.

운주사(雲住寺) - 구름 속에 머문 절은 과연 멀었다. 전라도 광주(光州)에 도착해서도 다시 서너 시간을 기다린 끝에 하루에 겨우 두 번 있는 운주사행 버스를 탈 수 있었다. 너덧 명 승객을 싣고 완행버스는 뽀얀 먼지를 일으키며 흙길을 달렸다.

"여기가 '중장터'요. 예서 한 오리(五里)는 족히 걸어야 할 텐데. 아무튼 잘 가요." 덩치가 남산만한 운전기사는 싱긋 웃으며 손을 흔들었다.

한때 중의 장이 섰을 정도로 번다했을 이곳은 지명(地名)과는 달리 집 몇 채의 작은 시골 동네였다. 저녁 해를 등에 지고 절을 향해 가는 내 발걸음은 갈수록 점점 더 무거웠다.

길가에 서있는 대부분의 석불은 훼손이 너무 심해 머리가 없는 것이 태반이고 여기저기 흩어진 석탑의 부재(部材)들은 논둑과 담장에 쓰였거나 그저 무너진 채 사방을 굴러다녔다. 더더욱 당혹스러웠던 것은 부처님의 깨진 어깨나 잘린 무릎이 뒷간의 섬돌로 쓰이는 것을 보자 더 이상 할말을 잃었다.

이런 안타까움은 절에 도착해서도 나지지 않았다. 낡긴 했어도 법당은 그런대로 괜찮은 편, 요사채로 사용하고 있는 일자(一字) 건물은 10도 이상 기울어져 위험한 상태였다.

추레하기 짝이 없는 이 절집엔 아흔이 넘은 노스님과 주지인 법진(法眞)스님, 그리고 어린 지공 등 비구니 세 분만 살고 있었다. 저녁상을 물리고 퇴락한 절 형편을 걱정하는 나에게 주지스님은 말했다.

"남 탓할 것 있나요? 모두 우리네 잘못이지. 천하에 무작스런 것들이 절 땅을 다 팔아먹었으니 부처님이 쓰러지고 탑이 무너진들 손 써볼 방도가 있어야지요. 이곳도 요샌 평당 오천 원이나 해요. 젤 급한 것이 땅을 되사는 일인데 그게 만만치 않네요." 법진스님은 오십 초반의 여장부였다. 오랜 수행 탓인지 감정표현에도 여법(如法)한 절도가 있고 목소리도 우렁우렁 씩씩했다. 어떻게든 절을 복원해보고자 서울과 광주를 수없이 오가며 구걸하다시피 애는 쓰지만 그게 어디 쉬운 일이겠는가. 참으로 답답한 일이었다.

"스님! 여행 중이라 여윳돈이 많지 않네요. 겨우 땅 세 평 값이에요. 하지만 개울이 모여 큰 강이 된다잖아요. 부디 스님께서 맘먹은 일 꼭 이루시길 바랄게요." 나는 서울 갈 여비만을 남기고 가진 돈 전부를 시주했다. 도착해서부터 줄곧 나를 짓누르던 참담한 마음이 주저없이 내린 결정이었다.

산속인데도 여름밤은 무더웠다. 난 꽤 늦도록 마당에 놓인 평상에서 더위를 식혔다. "달빛이 대낮같네요. 주지스님께서 많이 고마워하세요." 과일쟁반을 들고 나온 지공스님은 푸른 달빛에 젖어 흰 옷을 입은 듯 눈부셨고 은은한 솔잎향이 풍겼다. 깊은 산 풀숲에 핀 초롱꽃이 저리 아름다울까? 평상 끝에 앉아 다소곳이 과일을 깎는 스님의 모습은 잘 빚은 조각 같았다. 대체 어떤 연유로 저 고운 모습에 잿빛 옷을 입었으며 또 무슨 사연이 있어 저 나이에 이곳에서 사는 걸까? 쓸데없고 속된 내 궁금증은 뇌리 끝에 매달려 끊임없이 꼬리를 무는데 산사의 밤은 마냥 깊어 가고 별들은 쏟아져 내릴 듯 무수히 반짝였다.

이튿날은 아침부터 푹푹 쪘다. 식사를 마치고 떠날 차비를 하는데 큰절(송광사)에서 사람이 왔다. "구산(九山)스님 법어집 스물세 권이에요. 맞나 확인해 봐요." 주지스님은 일일이 세어보고 책을 받았다. 나는 구산스님을 평소 잘 알고 있던 터라 반가운 마음에 한 권 얻어갈 요량으로 조심스레 뜻을 비치자, 여유분이 없어 줄 수가 없으니 어쩌면 좋으냐고 스님은 잘라 말했다. 책 한 권 정도는 얻어갈 수 있으리라 생각했던 내가 오히려 더 무연했으나 도리 없는 일이었다.

나는 차 시간에 맞춰 절을 나섰다. 땡볕에 오 리 길은 팍팍했다. 한참을 걸어 거의 다 왔을 무렵, 부르는 소리에 나는 걸음을 멈췄다. 뜻밖에 지공스님이 숨을 헐떡이며 쫓아오고 있는 것이 아닌가.

"이 책 드리고 싶어서요. 제 몫이에요. 우리 스님 그리 야박한 분은 아닌데 워낙 정확하셔서 그래요. 죄송해요." 아직도 숨을 채 고르지 못한 스님의 얼굴은 진홍빛이었다. 책을 건넨 스님은 작은 손을 모아 합장을 하곤 말없이 돌아서 절을 향해 걸었다. 무슨 일인지 한 번도 돌아보지 않는 스님의 모습이 길 끝 너머로 사라질 때까지 나는 내내 그 자리에 서 있었다. 텅 빈 길 위로 하얀 햇살이 빗살처럼 쏟아져 내렸나. 불현듯 눈물이 핑 돌았다.

『석사자(石獅子)』- 운주사 비구니 지공스님이 내게 준 법어집 제목이다. 난 30년도 넘은 이 책을 지금도 소중히 간직하며 종종 꺼내

본다. 읽어도 또 읽어도 꿈쩍 않는 돌사자는 아무 말이 없는데 언제나 그 책에선 결 고운 지공의 애틋한 마음씨와 내 무망(無望)한 그리움이 너울처럼 밀려 나온다.

'그리움은 인간이 가진 숙명 중 가장 아름다운 것'이라는데 다행스럽게도 나는 구름 속에 머문 기억 하나를 아직도 이렇듯 그리워한다. 그리고 가끔은 형편없이 낡은 운주사를 배경으로 지공을 만나기도 한다. 다시는 돌아올 수 없는 내 젊은 시절처럼 아스라이 멀어진 추억의 저편에서 말이다.

조현: 2006년 《수필춘추》 여름호 신인상.

제3부 그렇게 죽었다 나는

준비도 없이

　샤워를 끝내고 머리의 물기를 털어내다가 막내 생질서가 죽었다는 전화를 받았다. 영문을 따져 물을 여유가 없을 만큼 저쪽의 목소리가 떨고 있었다.
　젊은 사람이 변을 당했다면 그 흔한 교통사고려니 지레 짐작을 한다. 박서방이 올해 몇이던가.
　문상을 가야겠구나 생각하면서 옷을 챙겨 입고 전에 다니던 직장 동료들과 점심약속이 된 식당으로 나간다. 식사 중에 이순을 맞지도 못하고 일찍 세상을 뜬 선배나 동료들에 대해 이야기하고 암으로 투병중인 M씨를 걱정한다. 식사를 마치고는 차에 기름을 채운 후 지난 주 흙탕길을 다녀오면서 더러워진 자를 씻고 수누를 낚는다.
　오후 네시경의 병원 장례식장은 조문객도 뜸하고 썰렁하다. 예상과는 달리 생질서의 사인은 심장 가까운 쪽 동맥혈관 파열이라고 한다. 육 척이 넘던 망자보다 몸집이 커 보이는 그 아버지의 돌아앉은 어깨가 천근으로 보인다.

가슴을 에는 참척의 아픔이 전해져 온다. 자식의 부재를 인정하는 데까지는 또 얼마나 많은 시간이 필요할 것인지. 옆 자리의 두 생질서에게 평소에 몸 관리를 제대로 하라고 나무라듯 당부를 한다. 누가 할 소리를 하고 있나 하는 생각이 들어 고소를 흘린다. 살아 있는 자들은 그가 생전에 얼마나 성실한 남편이었으며 아버지였는지를 이야기한다. 망자에 대한 애도는 이내 살아 있는 사람들의 이야기에 묻힌다. 죽은 자는 곧 잊어질 것이다. 두어 시간 앉았다 약속을 핑계로 눈치를 살피며 자리를 뜬다.

근래 밥을 먹거나 술을 마시는 이런저런 저녁약속이 줄을 잇는다. 나이 든 사람들이 만나면 필요이상의 몸짓으로 떠들고 소리내어 웃는다. 공허한 이야기를 주고받으며 양껏 음식을 먹고 술을 마신다. 그러다보면 조금씩 기분도 부풀어 오른다. 그런 허황한 몸짓이 버거운 일상을 잠시나마 잊고자 하거나 살아 있음을 확인하는 행위인 것처럼 보여 서글퍼진다.

자정이 넘어서야 집에 돌아온다. 아내가 없다. 곧 출산하게 될 며느리의 산후바라지를 위해 출국하는 안사돈을 배웅하러 인천엘 갔다. 간 김에 서울의 딸아이 둘도 만나보고, 사나흘이 지나야 올 것이다. 둘이 살던 집에 잠시 하나가 없다고 해서 이토록 서늘한 기운이 돌다니, 집은 사람의 체온이 빠지면 이내 콘크리트 구조물로 돌아간다. 사월의 끝자락인데 날은 왜 이리 찬가.

거실과 안방의 등을 모두 밝힌다. 난방 스위치를 돌려 보일러를 가동시킨다. '따뜻해져라, 어서 빨리 따뜻해져라' 몸이 따뜻해지면 허전함도 가시어질 것 같은 생각이 든다. 대충 씻고 내의를 갈아입은 후 자리에 든다. 늘 그렇듯이 수십 마리의 매미가 일시에 떼 서리로 울어 젖힌다. 오륙 년 전부터 들리기 시작한 이명이다. 언젠가는 이 소리도 안 들릴 날이 있을게다. 과음한 탓인가, 머리가 뼈개지듯 지끈거린다.

TV를 켜고 한 시간 쯤 뒤에 꺼지도록 타이머를 작동시킨다. 서해 어디에서 꽃게잡이 어선이 전복하여 어부 몇 명이 죽고, 부산 어딘가에선 큰 불이 나서 또 몇 명이 죽었다고 한다. 잠시 죽은 박서방이 보이고 내가 그에게 어떤 사람이었을지가 걱정된다. 생질서와 그가 남긴 아이들의 모습에 내 아내와 자식들이 차례로 오버랩 된다. 죽음은 언제 어떤 모습으로 내게 올 것인지 두렵다.

선화벨이 울린나. 독일에 사는 아들놈이다. 방금 구식동이 딸을 얻었다는 기별이다. 바삐 가는 자가 있더니, 이 밤중에 서둘러 오는 생(生)도 있구나. 이 땅에 생명을 보내고 거두어들이는 일은 그 분의 일이어서 감히 참견할 일은 못 되지만 선뜻 납득이 안 되는 일도 더러는 있어서 의아해 한다.

인큐베이터 속의 아이를 생각한다. 그 아이의 앞날이 밝고 따뜻하기를, 가슴이 따뜻한 아이로 자라기를 갈망한다. 그동안 주제넘게도 많은 것을 바랬다. 용서해 주시겠지. 너무 빨리 방안 공기가 더워져 보일러 스위치를 끄고 다시 눕는다. 잠들 무렵 이따금 시산을 허비하고 있다는 자괴감에 빠질 때가 있다. 절절한 열망도 없이 흘려보낸 시간들은 나를 더욱 참혹한 지경에 이르게 한다. 한창 나이에 뜬

금없이 죽는 사람이 수도 없는데 이 나이까지 살아 있다는 것도 신기하고 감사해야 할 일이라고 생각한다. 제대로 사는 사람들에게 미안하기도 하다. 자지러지는 매미소리에 휩싸여서 나는 서서히 심해로 가라앉는다.

이틀 후, 아내가 귀가한다. 아무리 초인종을 눌러도 기척이 없는지라 어디 나들이라도 갔나 하고 핸드백 속의 열쇠를 꺼내 현관문을 딴다. 평소 신던 남편의 신발 두 켤레가 가지런히 놓여 있다. '이 양반이 장난을 치나' 안방 문을 연다. 남편이 반듯이 천장을 보고 누워 있다. 여자의 육감이라는 것이 벌떡 일어선다. 119응급구조대를 부르고 나는 종합병원 응급실로 실려 간다. 의사는 나의 눈을 까뒤집고 플래시를 비춰보고, 체온을 측정하는 따위의 일들을 습관대로 하지만 이미 늦어도 한참 늦은 것을 안다. 그는 챠트를 들척이며 아내에게 나의 사망원인을 수면무호흡증에 의한 심장마비인 것 같다고 애매한 표정으로 말한다. 그렇게 죽었다. 나는, 준비도 없이.

윤정학: ≪에세이문학≫으로 등단.

이방인(異邦人)의 슬픔

무섭게도 추웠던 지난해 겨울 혹한이 끝나가고 봄이 오는 어느 일요일 오후, 나는 어머니를 양로원으로 모셨다. 어머니가 구순을 훨씬 넘어 걸음을 걷기가 많이 불편했기 때문에 의료 시설이 갖추어져 있는 양로원에서 지내시는 것이 보다 안전할 것이라고 생각했다. 그러나 어머니께서 말씀은 하지 않지만 서운해 하시는 것 같다는 느낌 때문에 마음이 아팠다.

어머니의 집에 대한 애착은 눈물겹도록 집요했다. 비록 다리가 불편해서 서울로 올라오셨지만, 어머니는 그동안 견디기 어려운 외로움 속에서도 꽤 오랜 세월을 홀로 시골에서 보냈다. 시골집이 폐가(廢家)에 가까웠을 정도로 퇴락했시만, 어머니는 봄을 가누기 어려울 때까지 그곳에서 머물기를 고집했다. 그것은 어머니가 그 옛날 꽃가마를 타고 시집와서 일찍 아버지를 여의고 굴곡 많은 고난의 50

년 세월을 보낸 추억과 애환 때문이었는지도 모른다.

지난겨울 아내와 나는 어머니를 모시기 위해 녹번동에 있는 어느 실버타운을 찾았다. 아카시아 숲이 있는 언덕 기슭에 자리 잡은 양로원은, 병원은 물론 휴양 시설을 모두 갖춘 새로 지은 건물이었다. 우리는 양로원 직원의 안내를 받으며 시설을 돌아본 뒤 만족스러워했다. 그러나 어머니가 거처할 방에 들어선 순간, 주변 시설은 깨끗하고 좋아 보였지만 그곳에 넘쳐흐르는 고독 때문에, 갑자기 뭐라 말할 수 없는 슬픔이 밀려옴을 느꼈다. 사실 어머니의 방과 내가 머물고 있는 방은 다를 것이 없었다. 그러나 순간 어머니가 돌아가실 때까지 머물러야 할 방이 무슨 감옥과도 같다는 느낌이 엄습해 왔다.

그때부터 나는 침묵한 채 집으로 돌아올 때까지 내내 우울했다. 나는 외투를 입고 있었지만 추위에 떨며 옆에 아내가 함께 걸어가고 있다는 것도 의식하지 못했다. 나는 알베르 카뮈의 『이방인(異邦人)』에서 양로원에 있는 어머니가 사망했다는 부음을 듣고 전혀 눈물을 보이지 않고 뜨거운 햇빛 때문에 살인을 저지른 뫼르소와는 달랐기 때문일까. 아니면, 세네카의 말처럼 "가벼운 슬픔은 말이 많고, 큰 슬픔은 말이 없기"때문이던가.

어머니를 양로원으로 모셔 가기 전날 밤, 나는 보통 때와 달리 2층 방에 머물고 있던 어머니 곁으로 가서 어머니의 메마른 손을 잡고 어머니가 살아온 험난한 인생에 대해 속죄하는 마음으로 이야기했다. 아직 젊으셨던 시절, 어머니가 내 병역관계 서류 때문에 읍내에 갔다 돌아오던 길에 강물에 놓여 있는 얼어붙은 징검다리를 건너시다 넘어져 부러졌던 손목에 있는 흉터가 유난히 내 눈에 들어왔다. 그때 어머니는 무심하기 짝이 없었던 평소의 내 모습과 너무나 다른 나의 변신에 놀라는 것 같았다.

비록 어머니를 양로원으로 모시고 가면서 슬픔이 몰려오긴 했지만, 감정을 쉽게 내보이지 않았다. 객지 생활을 오래 했기 때문이 아니라 타고난 성격 때문인지, 아니면 후천적인 영향 때문인지 나는 고생하면서 때로 눈물을 흘리는 어머니에게조차 항상 이방인처럼 그랬다. 아내는 평소 말이 없고 무심해 슬픈 광경을 보아도 눈물을 보이지 않고 무감각한 것처럼 비치는 나를 비정하고 냉혹한 사람이라며 적지 않게 비난하곤 했다.

되돌아보면 나는 눈물이 없는 사람임에 틀림없다. 어린아이 때는 몰라도 커서 눈물을 흘리며 울었던 기억은 없다. 이국땅에서 공부할 때 아버지가 객사(客死)하셨다는 부음을 들었을 때도 눈물을 흘리지 않았다. 아버지를 앞세우시고 할아버지가 여름 장마 속에서 돌아가셨을 때도 나는 맏상제로 상복을 입고 할아버지의 관 옆에서 며칠 밤을 지새워야 했지만, 결코 한 번도 눈물을 보이지 않았다. 내가 아내에게까지 감정 없는 냉혹한 사람으로 보인 것은 무엇 때문일까? 아마도 그것은 내 곁을 스치고 지나간 삶의 파도가 너무나 높고 가혹해 감정이 메말라 슬픔에 무감각해졌을 수도 있다. 아니, 천성적으로 그렇게 태어났기 때문일 수도 있다.

내가 다른 사람이 겪는 고통은 물론 장례식과 같은 슬픈 상황에서도 눈물을 보이며 소리내어 울지 않는다고 해서 슬픈 감정이 전혀 들지 않았던 것은 아니다. 왠지 모르게 나는 일찍부터 눈물을 보이며 우는 것을 보기 싫어했고, 또 내가 우는 모습을 다른 사람들에게 보이는 것이 싫었다. 이러한 나의 심리적인 태도는 미셸 몽테뉴가 스스로 자기는 "슬픔이라는 감정에서 가장 멀리 벗어나 있는 사람 가운데 한 사람이다"라고 말하며, 다음과 같이 주장한 사실과 깊은 관련이 있을지도 모른다.

나는 슬픔을 좋아하지도 않거니와 존중하지도 않는다. 그런데 세상 사람들은 마치 당연한 것처럼 이에 유난히 호기심을 가지고 존중하고 있다. 그들은 그것으로 지혜·덕성·양심을 치장한다. 이탈리아 사람들은 그럴듯하게도 슬픔이란 낱말을 악의라는 뜻으로 상용하였다. 왜냐하면 이는 언제나 해롭고 우스꽝스럽다는 것이어서, 스토아학파는 이를 언제나 겁 많고 비굴한 것이라 하여 그들이 말하는 현자(賢者)들에게 그 감정을 금하고 있기 때문이다.

아내는 나를 두고 비극적인 참상이나 광경에 대해 눈물을 흘리지 않는 냉혈 동물이라고까지 말하지만, 눈물을 흘리지 않는 슬픔이 더 크다. 비극적 현실에 대한 충격이 너무나 크면 눈물을 흘리지 않고 질식해서 갑자기 숨을 거둘 수도 있다는 것이 이를 말해 준다. 미셸 몽테뉴는 이 문제에 대한 심리학을 이야기하기 위해 그리스의 헤로도투스가 쓴 『역사』 제3권 14장에 있는 프삼메니투스의 비극을 다음과 같이 인용해서 설명하고 있다.

이집트 왕 프삼메니투스가 페르시아 왕 캄비세스의 공격에 패해 포로가 되었다. 딸이 노예가 되어 노예 옷을 입고 물을 길어 오기 위해 그의 앞을 지나는 것을 보고, 주위에 있던 모든 이집트 사람들이 이 광경을 보고 슬퍼하며 울부짖을 때, 그는 침묵을 지키며 꼼짝도 하지 않고 땅을 내려다보고 서 있었다. 또 아들이 사형장으로 끌려가는 것을 보고도 그는 여전히 같은 모습을 하고 있었다. 그러나 포로들 무리에서 늙고 병든 그의 종을 보았을 때, 그는 주먹으로 머리를 치며 가장 처절하게 울부짖었다. 캄비세스는 이것을 보고 프삼메니투스에게 "어째서 그의 아들과 딸의 불행에는 마음이 격하지 않고 종의 불행에 대해서는 참지 못했느냐?"고 묻자 그는 "종의 불행은 눈물로 마음을 표현하지만, 전자의 두 경우는 마음속을 표현할 모든 한계를 넘었기 때문이오"라고 대답했다. 이 비극적인 사건을 두고 몽테뉴가 말하고자 한 것은 작은 불행으로 인한 슬픔은 울음으로 나타내지만 보다 큰 불행에 대한 슬픔은 그것으로 다 나타낼 수 없다는 것이리라.

아내의 말대로 슬픔 앞에서 눈물을 흘리지 않고 말이 없다고 해서 내가 감정이 완전히 메말라 버린 몰인정한 인간일까? 물론 때때로 아내의 말이 옳다고 느낄 때도 없지 않다. 그러나 그것은 아픔과 슬픔을 침묵 속에서 참고 삼켜 왔기 때문에 감정이 무디어져 나타난 현상 때문일 수도 있다고 생각한다.

'이방인' 뫼르소가 어머니의 죽음에 무심했다는 죄를 사형당하는 순간까지 받아들이지 않은 것은 그가 감정이 무디고 부조리한 상황에 대해 너무나 이성적이었기 때문일시도 모른다. 몽테뉴는 그의 유명한 「슬픔에 대해서」란 에세이에서 다음과 같이 썼다. "나는 이렇게 심한 슬픈 감정에 사로잡히지 않는다. 천성적으로 감수성이 둔하기 때문이다. 그리고 그것을 날마다 이성으로 무디게 그리고 두텁게 하고 있다."

이태동: 1976년 《문학사상》으로 등단.

한선(寒蟬)

　이른 아침 집 앞 작은 동산에서 우는 매미 소리가 집안으로 가득히 들어온다. 장마가 걷힌 뒤라서 매미의 울음소리가 한층 웅성하다. 한 마리가 울면 따라 울다가 이쪽에서 시작하면 저쪽에서 화답하고- 울만큼 울고 나면 서로가 약속이나 한 듯이 뚝, 울음을 멈춘다. 때로는 극성스럽다 할 만큼 울어대는데, 이상하게도 종일 들어도 싫지 않은 것이 매미 소리다. 가을밤 귀뚜라미 소리는 애상에 젖게 하지만, 성하(盛夏)에 우는 매미 소리는 활기에 찬 젊음이 있다. 듣는 이에 따라 다르겠지만 삭막한 마음 밭에 정감을 주어 죽어 있는 감성을 깨어나게 하는 듯하다.
　생불학자들은 매미의 울음은 수컷이 암컷을 끌기 위한 것이니 수컷을 포함한 동종의 개체들을 불러모아 집단을 이루기 위해 운다고 한다. 동종이라면 쓰르라미가 그것인데, 아랫배에 엷은 쑥색을 띠고

우는 힘이 매미보다 강해 듣기가 시원해 좋다.

매미는 맴 맴······ 운다고 하여 매미라 이름하고 쓰르라미는 쓰르림 쓰르림······ 운다고 하여 쓰르라미라고 한 말은 누가 한 말인지 참 잘 만든 말 같다.

내게는 무더운 여름 시원하게 들리는 곤충의 노래가 칼라스의 노래 못지 않게 들린다. 아무튼 날로 심각해지는 공해 속에 살면서 곤충의 울음을 들을 수 있다는 것은 얼마나 다행한 일인가.

급한 일이 있어 찌는 듯한 더위에 차를 몰고 나간 일이 있었다. 주차장 같은 아스팔트길에 배기가스와 지열은 문을 닫아도 소용이 없었다. 갈 길은 멀고 언제 뚫릴지 모르는 자동차의 행렬은 아득하기만 하였다. 가다 서다를 반복하는 차들은 너 나 없이 몸보다 마음이 바쁠 것이다. 그때 가로수 사이로 홀연히 들리는 매미의 울음소리가 들리면 울창한 숲 속에 앉아 듣는 소낙비 같기도 하고 밀려드는 파도 소리 같기도 하다. 그러면 지금까지 가졌던 초조함은 사라지고 기다리는 마음은 느슨해져서 끼여드는 차도 여유를 부리며 양보를 하게 된다.

할머니에게서 들었던 어린 시절, 매미 이야기가 새롭다. 선비 한 사람이 글공부에만 정신을 쏟았다. 마당에 널어놓은 곡식이 소나기에 씻겨 가도 무신경인 채 글만 읽었다. 그렇게 세월이 지나 마침내 과거에 급제를 하였으나 가난을 이기지 못한 아내는 저 세상 사람이 되고 말았다. 그 영혼이 매미의 울음이 되었다고 하며 개구리는 땅에서 매미는 나무 위에서 울어 비를 부른다고 하였다.

유교에서는 매미에게 붙인 의미가 각별하다. 관의 끈이 늘어진 형상이라하여 문(文), 이슬만 먹고산다 하여 청(淸), 곡식을 먹지 않음으로 염(廉)이라 하였다. 집을 짓지 않으니 검(儉)이 있고 계절에 맞추어 허물을 벗고 절도를 지킨다 하여 신(信)이 있어 군자가 지녀야 할 오덕을 매미에게서 갖추어 신성시하였다.

 매미의 맑은 노래를 듣고 쫓아가 잡으려 했으나 매미는 그것도 모르고 있다. 너는 너의 명이 매우 짧건만, 그 짧은 것을 알지 못하고 편안한 것에만 팔려 위태로움을 잊고 있구나. 나는 너를 보아서 스스로 경계하노라.

 매미의 일생을 허망하다고 하기에는 너무 무상하여 오히려 경계하겠다는 작가의 심정이 매미의 일생을 시 한 편으로 보여 준다.
 여름 한철 며칠을 울기 위해 땅속에서 17년을 유충의 상태로 있다가 땅으로 나와 두 번 껍질을 벗은 후 성충이 되는 과정을 일러 불가에서는 생성과 소멸을 반복하는 달의 작용과 동일시 여겼다. 불사(不死)와 재생(再生)을 상징한다 하여 매미를 죽이는 것은 잔인한 짓이라고 옛 어른들은 생각하였다.
 나는 어려서 매미의 몸을 실로 묶어 연처럼 날리고 놀았다. 몹쓸 짓을 하고 놀았다는 죄스러움 잊혀지지 않는데, 와명선련(蛙鳴蟬聯)이라는 말이 가슴을 서늘하게 한다. 쓸 때 없는 이론과 형편없는 문장을 말하는 사람을 매미에 빗대어 한 말인데 어줍잖은 글일 망정 마음을 다잡고 책상에 앉으면 와명선련이 생각나 붓이 나가주지 않는다.
 얼마 전 재래시장 모퉁이에서 안주 감으로 메뚜기를 파는 여인을 보았다. 반갑고 신기해서 요즈음에도 메뚜기가 있느냐고 물었더니,

북한에서 수입한 것이라고 하였다. 메뚜기 한 접시를 앞에 놓고 시름을 달랬을 실향민은 매미의 울음이 들리는 고향을 그리워했을 것이다. 모란장에서 호박 모종을 사 심었다. 잎도 무성하고 꽃도 피었다. 그런데 줄기에 매달린 호박이 자라지도 않고 그대로 시들어 떨어지는 것이 아닌가. 누군가에게 물었더니 벌과 나비가 없어 인공수정을 해야 한다는 것이다. 예전 같으면 꽃이 있는 곳에 벌과 나비가 날아들었을 것이다. 벌과 나비가 날아들지 않아 식물이 열매를 맺지 못한다면, 이 일은 누가 어떻게 책임을 져야 하는 것인가. 매미학자의 말을 들은 일이 있었다. 문명이 발달함으로 소음이 커져서 암컷에게 자기를 표현하기가 힘들어 더욱 힘차게 운다고 하였다. 자연의 질서가 파괴되어 가고 있음을 그들도 알아차려 살아갈 방도를 찾는 것은 아닐까.

매미 한 마리가 아까부터 부엌 앞 감나무 가지 끝에서 울다 힘없이 멈춘다. 그 소리는 내게 무엇인가 하소연을 하는 것처럼 들린다. 우리가 살지 못한다면 인간 또한 그와 같지 않겠느냐는 물음 같기도 하고 살아 있음의 마지막 절규 같기도 하다.

하늘엔 무심한 구름만이 매미 소리쯤 아랑곳하지 않고 흘러가고 있다.

박영자: 2004 한국문인상 수필부문 수상.
2011 이대문학상 수상.

숨절

 푹 꺼진 쇄골 안이 어둑하다. 마를 대로 말라 목 아래 겨우 걸쳐진 쇄골은 얇은 살에 덥혀 위태롭다. 거울 문풍지마냥 시시로 떨리는 쇄골 안의 숨소리가 내 심장을 뜯는다.
 거칠게 숨을 내쉴 때마다 얇은 피부가 찢어질 것 같아 눈길을 뗄 수 없다. 펄럭이는 저 얇은 막마저 움직이지 않으면 어쩌지 하는 불안감으로 나는 내내 엄마의 목덜미만 내려다보고 섰다. 아무리 궁리해도 저 숨소리를 편안히 해드릴 방도가 없다. 목 뒤를 들어 베게 하나를 더 받쳐 봐도 소용이 없다. 다시 침대로 올라가 등 뒤에서 겨드랑이에 손을 넣고 천근 같은 엄마 몸을 위로 당겨 세워보지만 가쁜 숨소리는 쉬이 기리앉지 않는다.
 끌어당기던 손을 놓고 앉아 엄마를 안아 본다. 내 몸에 비스듬히 기댄 엄마 몸의 무게감이 막막하고 습하다. 몸 앞으로 감은 내 손이 엄마 젖무덤에 가 닿아 있다. 막내인 내가 가장 오래 매달려 있었던 언덕이다. 가만 그 언덕을 쓰다듬어 본다. 마른 가슴에 매달린 그 언덕은, 이제 언덕이 아니다. 밋밋한 그곳에서 일곱 생명이 자라났다. 시시 막 금 그곳에서 먹고 비비며 세상의 비바람을 피했다. 아무것도 남아 있지 않은 빈 언덕마저 이제 사라질 모양이다.

가늘게 눈을 뜬 엄마가 가슴으로 손을 올린다. 올린 손으로 힘없이 가슴을 문지르더니?

'와 이래 숨절이 가뿌노' 하신다.

숨절 참으로 오랜만에 듣는 엄마 말이다. 그 옛날 엄마만 쓰던 말들이 따로 있었다. 그 뜻이 무엇인지, 뭘 의미하는지 모르면서 나는 그 말들을 먹고 자랐다. 바짝 마른 입술로 엄마가 내뱉은 '숨절'이라는 단어에 나는 금방 목이 멘다. 수시로 엄마 입을 통해 들어오던 소리다. 무거운 짐을 이고 오던지, 가파른 계단을 오른 다음 늘 하시던 소리였다.

숨절이라니. 숨결도 아니고, 잘못 들으면 숨질 같기도 한데 분명히 숨절이라 말한다. 사전 상에는 없는 엄마만의 말들이 엄마 냄새와 함께 내 핏속에 돌아다닌다. 숨결은 말 그대로 들숨과 날숨일 터이고 숨질은 숨소리가 다니는 길이었던가? 엄마는 길을 늘 '질'이라 하고 '질깡'이라고 발음했다. 아슴아슴한 엄마의 말들이 불분명해 다시 엄마 가까이 귀를 대고 물으니 분명 숨절이라 말한다.

곡기를 놓으신 후 도무지 말까지 다 잃어버린 듯 아무 말씀이 없더니 한숨에 섞여 나온 숨절이라는 말이 창밖 가을 햇살이 무색할 정도로 내 몸에 한기를 뿌린다.

물 한 모금 넘기기가 태산 옮기는 일보다 더 힘들어 보인다. 이미 몸은 문을 닫은지 오래일 성싶다.

'나는 죽 몸서리증 난데이 밥 묵을란다.'

그저 물만 면한 멀건 죽사발을 들여다보며 엄마가 힘을 모아 한 말이다. 먹겠다는 의지와 받아들이지 못하는 몸 사이에서 엄마는 길을 잃은 지 오래다.

몸과 마음이 어긋나니 몸은 물 한모금도 받아들이질 않는다. 마른 입술이라도 축일 요량으로 떠 넣은 물 한 모금을 오래 머금고 계시더니 끝내 울컥울컥 검은 물을 토해낸다. 다급히 휴지로 검은 물을 받아내 보지만 이미 속옷 앞섶이 다 젖었다. 쇄골 안쪽에서 들끓던 숨소리들이 일제히 밖으로 끌려 나왔는지 검은 물이 무섭기만 하다. 나는 검은 숨소리들을 황급히 닦아낸다. 찰나에 내 몸은 흥건히 땀으로 젖는다.

젖은 옷을 갈아입히고 편안히 눕혀 드리니 그제야 긴 한숨을 내뱉는다. 입을 앞으로 모으고 엄마가 힘들 때마다 내쉬던 낯익은 숨소리다. 해녀들이 참았던 숨을 수면 밖에서 길게 내뱉듯 '후유' 하며 새 나오는 엄마만의 한숨 소리. 옅은 휘파람소리 같은 그 숨소리 끝에 묻어 나오는 관세음보살이라는 단어는 내가 어른이 되어서야 그 말뜻을 알게 되었다. 한숨 소리와 섞여 묘하게 내 귀에 각인되었던 단어들.

바늘 끝같이 위태롭던 호흡이 잠시 골라졌다. 갈아입힌 옷깃을 맞춰 놓고 보니 면양말이 추워 보인다. 엄마께 화장실 다녀오마고 말하고는 병원 길 건너 양말 집에 가 양말 두 켤레를 샀다.

하나는 분홍 발목 양말이고, 또 하나는 발목이 긴 노란색 수면 양말이다. 그저 따뜻한 봄까지만이라도 견뎌 줄 것을 기원하며 일부러 화사한 색깔의 양말을 샀다. 고른 양말에 손을 집어 넣어보니 도톰하니 폭신한 감촉이 손바닥에 봄이 온 것 같다. 이 양말을 신으면 싸늘했던 엄마 발도 따뜻해져올까?

돌아와 엄마 발치에 서서 양말 두 개를 흔들어 본다. 감았던 눈을 뜨고 '야야 뭐꼬?' 물으신다.

양말을 들고 어느 것이 더 마음에 드느냐고 물으니 평소 고운 걸 좋아하시는 엄마는 당연히 분홍이다. 발등에 꽃이 그려진 양말을 신기고 두 발을 번쩍 들어 올리니 환하게 웃으신다. 병원 오고는 처음 보는 웃음이다.

그것도 잠시 다시 호흡이 가빠진다. 토하느라 기진한 엄마는 눈을 감고 꼼짝도 하지 않는다. 이불 깊숙이 손을 넣고 발을 만져 본다. 양말 사이로 손을 넣어 만져 보니 얼음이다. 다시 발목이 긴 양말로 갈아 신겨도 아무 소용이 없다. 쇄골 안 깊은 곳에 숨결만 분주할 뿐이다. 조금 남은 몸 안에 기운마저 점점 소진해 가는지 아프다고 앓지도 않는다. 갈 것은 기어이 가고야 말 모양이다.

아이처럼 분첩을 사 달라고 조르던 엄마는 이제 하늘 아래 어디에도 없다. 자다가 불현듯 눈뜬 새벽이 참으로 견디기 힘들다. 시간과 시간 사이, 일과 일 사이, 생각과 생각 사이, 이 짧은 찰나가 막막하기 그지없다. 음력 구월 그믐날, 엄마 가시고 흰 눈이 천지를 뒤덮었는데 어디에도 엄마는 없다. 나눌 수 없는 엄마의 가쁜 숨결을 들여다보며 밤을 새울 때는 그 고통이 고스란히 내게 전이되는 듯 힘들더니 이제는 그 고통스럽던 모습마저 볼 수 없어, 다시는 만질 수 없어, 매 순간이 먹먹하다. 아직은 아무것도 내 오감 안에 현실로 각인되지 않는다. 쇄골 깊숙이 펄떡이던 엄마의 숨절을 매일 상실의 멀건 눈으로 들여다보고 있을 뿐이다.

김은주: 2007년 《부산일보》, 《전북일보》 신춘문예 당선.

봉식이의 딸기

봉식이가 싸리비로 마당을 쓸고 있다.

아버지가 근무하는 우체국의 뒤뜰과 우리가족이 거처하는 관사의 넓은 마당을 흙이 패이도록 쓸고 있다. 나는 방에 앉아 봉식이의 비질 소리를 듣고 있다. 내 귀는 비질 소리를 쫓느라 밖으로 나간 지 오래고, 눈은 펼쳐놓은 영어책을 건성으로 쫓고 있다. 느슨해진 내 눈길을 피해 영어책의 문장들이 알파벳 조각들로 해체되어 둥둥 떠다니기 시작한다.

SPRING IS HERE!

봄이 왔다. 봉식이가 비질하는 마당에도 내 영어책 위에도 노란 봄이 부챗살처럼 퍼지고 있다. 봉식이가 왜 한쪽 다리를 심하게 절게 되었는지 나는 몰랐다. 타고난 소아마비인지 어릴 때 사고로 다쳤는지 알 수 없지만, 그럼에도 봉식이의 자전거 타는 실력을 따를 사람은 아무도 없었다. 몸이 허약한 그였지만 전보배달원을 구하는 아버지 눈에 봉식이보다 더 나은 적임자는 없었다. 봉식이는 자전거만 잘 타는 게 아니라 부지런하고 성격도 밝은 소년이었다. 중학교에 들어간 나보다 봉식이는 서너 살 위였지만, 우리는 매일 한식구처럼 어울리며 지냈다.

내가 학교에 가고 없는 낮에는 봉식이 혼자 전보배달을 다녔지만, 저녁에는 내가 함께 가주길 바랐다. 나도 봉식이의 자전거를 얻어 타는 일이 싫지 않았기 때문에 전보지 봉투를 든 그가 고염나무 밑에 세워둔 자전거를 빼내면서 "복아" 하고 부르는 소리를 기다리고 있었다. 이윽고 마당에서 나를 부르는 봉식이의 목소리가 들리면 나는 하던 숙제를 밀어놓고 개가 물어뜯은 플라스틱 슬리퍼를 찾아 신었다.

그가 사선서를 아부리 살 탄다고 해도 살이 찌기 시작하는 내가 뒷자리에 올라앉으면 자전거 바퀴가 놀란 듯 잠시 출렁했다. 나는 그것이 조금 부끄러웠지만 모르는 척했다. 봉식이는 페달을 밟기 전에 꼭 "내 허리 꽉 잡아" 하고 소리쳤다. 나는 봉식이의 가는 허리를 꽉 잡았다. 나를 태운 봉식이는 신나게 휘파람을 불며 논두렁을 지나 솔숲이 있는 이웃 마을로 갔다.

봉식이와 함께 하는 전보배달은 누구의 간섭도 받지 않았다. 이웃 남학생과는 말만 해도 눈에 불을 켜던 엄마였지만, 내가 봉식이의 전보배달에 따라나서는 일에는 무심했다. 다만 봉식이의 부실한 다리가 못미더웠던지 신작로를 지날 때 자동차와 부딪힐까봐 그것만 걱정했다. 하긴 다리를 심하게 저는, 초등학교도 못 나온 우체국 급사와 명색이 국장 딸인 내가 좋아지낸다는 것은 엄마뿐만 아니라 그 누구도 상상할 수 없는 일이긴 했다.

이른 저녁을 먹고 봉식이의 자전거에 올라 노을이 깔린 마을을 한 바퀴 돌아오는 일은 사춘기에 접어든 나에겐 행복한 시간이었다. 그런 날이면 봉식이는 내게 학교에서 무엇을 배우느냐 묻기도 했고, 영어를 좀 가르쳐 줄 수 있느냐는 말도 했다. 나는 그런 봉식이가 당당하게 느껴져서 좋았다.

어느 여름밤이었다. 마을에서 조금 떨어진 군부대로 급히 전보배달을 가야 할 일이 생겼다. 일반전보라면 다음날 아침에 배달해도 되었지만, 속달전보일 경우에는 한밤이라도 달려가야 했던 시절이었다. 게다가 군부대로 배달해야 하는 것이라 지체할 일이 아니었다. 아버지는 밤길을 나서는 봉식이에게 손전등을 쥐어 주었다.

봉식이와 나는 냇물만 건너면 되는 지름길을 택하기로 했다. 밤에는 군부대 근처를 얼씬거리면 안 된다는 어른들의 말이 얼핏 떠올랐지만 봉식이와 함께 하니 걱정할 일도 아니었다.

냇가에 이르자 봉식이는 자전거에서 내려 바짓단을 걷어 올렸다. 그리고는 나를 태운 자전거의 핸들을 조심스럽게 움직이며 냇물 속으로 들어갔다. 비교적 얕았지만 폭이 넓은 시내였다. 달빛을 받은 물살들이 절룩거리는 봉식이의 종아리를 휘감으며 한참 동안 장난을 치다 흘러갔다. 미안해진 내가 자전거에서 내리겠다고 했지만 봉식이는 발이 젖으니 그대로 있으라고 했다. 자전거에 앉았다고는 해도 봉식이가 물살을 가르느라 애쓰는 동안 냇물이 튀어 내 치마도 젖어 버렸다.

그렇게 냇물을 다 건넜을 때였다. 둔치에 이르자 총을 든 그림자 하나가 나타났다. 군복을 입은 남자는 봉식이에게 총부리를 겨누더니 다짜고짜 암호를 대라고 소리쳤다. 그날의 암호를 알 리 없는 봉식이었지만 "부대에 전보배달 하러 왔습니다"라고 분명하게 말했다.

그러나 봉식이의 말을 듣는 둥 마는 둥 보초병의 목소리는 더욱 날카로워졌다.

"전보배달 하러 오는 놈이 여자를 태우고 다녀? 뒤에 탄 여자 내려!"

졸지에 '여자'가 되어버린 나는 어떻게 자전거에서 내렸는지 기억도 없다. 이번에는 보초병이 봉식이의 등 뒤에 숨어서 떨고 있는 내게로 다가오더니 계속 암호를 대라고 엄포를 놓았다. 그 순간 내 눈에는 보초병이 들고 있는 커다란 총의 실루엣만 보일 뿐, 냇물 흘러가는 소리조차 들렸다 안 들렸다 했다. 봉식이의 허리춤을 움켜잡고 떨고 있던 내 손이 풀리는가 싶었는데 나는 그만 봉식이 발치에 주저앉고 말았다.

혼미한 의식 사이로 봉식이의 떨리는 목소리가 들렸다. 같이 온 여자애는 애인이 아니라 우체국장의 딸인데 전보배달 하는 길에 따라왔을 뿐이라고 말하는 것 같았다. 내가 봉식이의 애인이 아니라는 말에 화가 풀렸는지, 보초병은 목소리를 급히 누그러뜨리며,

"다음부터 전보배달 올 때는 여자는 태우고 오지 마."

한마디 뱉고는 봉식이가 내민 전보봉투를 낚아채듯 받았다. 그리고는 우리를 한번 째려보더니 막사 안으로 사라져 버렸다.

돌아오는 길, 우리는 조금 전의 충격에서 벗어나지 못한 채 냇가에 앉았다. 봉식이가 모래밭에 삐뚜름하게 세워놓은 자전거도 놀랐는지 우리를 바라보고 있었다. 한참 후 숨을 돌린 봉식이가 혼잣말로 연신 '미친 놈, 미친 놈' 중얼거렸다.

자전거를 끌며 절룩절룩 걸어가는 봉식이 뒤를 나는 몇 발짝 떨어져서 걸었다. 숲을 지날 때 개똥벌레들이 꽁무니에 푸른 불을 달고 눈앞에서 동그라미를 그렸지만 하나도 잡고 싶지 않았다. 무언지 모르게 참 부끄러웠다.

그날 이후 나는 봉식이의 전보배달에 따라가지 않았다. 봉식이 역시 고염나무 아래에서 '복아' 하고 부르는 일도 없었다. 아무도 몰랐겠지만 우리는 싸운 사람들처럼 서로 눈길을 피했다. 엄마가 국수를 말아놓고 "봉식아, 와서 국수 한 그릇 묵어라." 불러도 전에 처럼 마루에 오르지도 않았다. 모든 것이 그 보초병의 말대로 되었다.

다음해 초여름이었다. 마침 휴일이라 봉식이는 혼자서 빈 우체국을 지키고 있었고, 나는 식구들이 없는 틈을 타서 우물가 옆에 숨어 은밀한 서답을 빨았다. 그러나 그 서답을 널어야 할 곳이 마땅찮았다. 넓은 마당 한가운데는 바지랑대가 세워진 빨랫줄이 있었지만 봉식이 그 녀석이 내다볼까봐 엄두가 나지 않았다. 궁리 끝에 볕이 들진 않지만 사람의 눈길이 닿지 않는 뒤란의 감나무 가지에다 그것을 널기로 했다. 마치 무엇을 훔치는 것처럼 가슴이 콩닥거렸다. 다 널고 보니 꼭 마을 어귀 당산나무 가지에서 펄럭이던 한지 조각들 같아서 섬뜩한 생각이 들었다. 바로 그때였다.

"빨래를 거기다 널면 마르냐?"

봉식이였다. 그는 북쪽으로 난 숙직실 창문에 붙어 서서 내가 하는 양을 죄다 지켜보고 있었던 것이다. 나는 너무 놀랐다. 일 년 전 보초병을 만났던 그때보다 더 놀랐다. 그가 미웠다. 수치심에 대야도 감나무 밑에 팽개쳐 놓고 방으로 달려와 얼굴을 묻고 울었다. 그리고 그날 봉식이가 냇가에서 혼자 중얼거리던 말을 그대로 따라해버렸다. 미친 놈 미친 놈.

어느 날 뒤란을 돌다가 내가 서답을 널던 그 감나무 밑에 흰 꽃 몇 송이가 피어 있는 것을 보았다. 딸기꽃이었다. 꽃들 사이로 익지 않은 몇 개의 딸기가 보였다. 그것이 익으면 혼자 따먹을 생각에 나뭇잎으로 살짝 가려놓았다. 연두색 딸기가 주홍빛으로 익기를 기다리는 초여름의 하루하루는 비밀스럽고도 행복했다.

햇빛이 조금씩 뜨거워지던 날이었다. 우물에 두레박을 내리다가 무심코 고개를 드는 순간 뒤란을 돌아나오던 봉식이와 딱 눈이 마주쳤다. 한 손에 싸리 빗자루를 든 봉식이가 조심스럽게 오므린 다른 한 손을 내게 내밀었다. 빨갛게 익은 딸기가 봉식이의 손에 들려져 있었다. 숨겨놓은 내 딸기를 봉식이에게 들킨 것이었다. 약이 오른 나는 봉식이의 오므린 손을 뒤집어 딸기를 몽땅 빼앗아버렸다. 그리고 숨어서 그 딸기를 혼자 먹었다. 그날의 딸기 맛을, 나이 먹어버린 지금의 내가 무엇으로 표현할 수 있을까.

흐르는 물에 딸기를 씻는다. 물기를 너금은 선홍색이 농염하다 못해 섬뜩하다. 문득 적장의 머리를 들고 게슴츠레한 눈빛으로 정면을 응시하는 유디트, 그녀의 붉은 입술이 떠오른다. 세상도 변했고 나도 변했고, 딸기 맛도 변해버렸다.

참, 봉식이는 그해 여름 장티푸스로 죽었다.

이귀복: 1991년 ≪수필문학≫으로 등단.
29회 현대수필문학상 수상.

슬픔의 색깔

 흰색은 고집이 없다. 심지가 약해서 아무 색이나 받아들인다. 쉽게 누래지고 얼룩이 진다. 그래서 힌옷은 오래 입지 못힌다. 신부가 입은 드레스나 여고생의 교복 블라우스, 그 정결한 흰옷들이 내 마음을 저리게 하는 것은, 흐르는 시간 속에서 본래의 순수한 흰빛을 잃고야 말 것 같은 서글픈 예감 때문인지 모르겠다.
 누가 나에게 슬픔의 색깔을 말하라 하면 나는 흰색이라 하겠다. 모든 색을 탈색하면 마지막으로 남는 색. 그 어떤 욕망도 감정도 다 휘발되어버린 듯한 빛깔. 아무 것도 품지 않아서, 비어 있어서 들여다보면 고요한 슬픔이 느껴진다.
 그래서일까. 흰색은 상복에 잘 어울리는 색이다. 깃광목 치마서고리를 입고 상청 구석에 오도카니 앉은 여자를 보면 그 여자가 울고 있지 않아도 내 속에선 어느새 슬픔이 차오른다. 그 여자가 뭐라고 넋두리를 늘어놓지 않아도 눈물로 씻겨나가 텅 빈 여자의 속을 그 흰 옷자락이 절절하게 전해주는 것 같아서다.

어쩌면 내 슬픔은 그 여자의 불행 때문이 아니라, 그 여자의 불행을 감싸고 있는 상복의 흰색으로 촉발되는지 모르겠다. 투박한 무명 실올들의 직조, 광목.

굳이 상복이 아니어도 광목이라 하는 그 뻣뻣한 천의 거칠고 탁한 흰색에는 털어낼 수 없는 묵묵한 슬픔이 항시 도사리고 있는 것 같다.

모든 상제가 검은 옷으로 상복을 차려입은 상가에 갔던 날, 나는 슬픔의 색깔이 흰색임을 알았다. 아버지를 잃은 남자들은 검정양복을 입었고 아버지를 잃은 여자들과 남편을 잃은 한 여자는 검은 치마저고리를 입고 있었다. 삼베나 광목으로 지은 상복차림이 하나도 없는, 온통 검은 옷 일색의 상가를 본 것도 처음이었고, 개량 상복인 검은 한복을 입은 여자들을 본 것 또한 처음이었다. 가정의례준칙에 따라 상복도 간소화된다는 걸 비로소 알았다. 한결같은 검은 옷 때문이었을까. 나는 잘못 찾아온 상가에서 조문을 하는 것처럼 제대로 고인을 애도하지도 못하고 내내 불편했다.

그날, 불행으로 수척해진 얼굴의 여자들이 간직한 슬픔들은 내 마음 속으로 건너오지 못하고 자꾸 발을 헛디딘 채 미끄러졌다. 그것은 아마 내가 무례하게도 상심에 잠겨 있는 그녀들에게서 검은 차도르 차림의 중동 여자를 떠올린 때문인지 모른다. 모든 색을 다 가진 복잡한 색이지만 결코 제 속을 드러내지 않는 검정의 속성처럼 검은 차도르의 여자는 나이도 감정도 상처도 밖으로 드러내지 않는다.

검정색 치마저고리로 몸을 휘감고 있는 여자들도 그렇게 느껴졌다. 그녀들의 슬픔은 발산되지 못하고 그 검은 옷에 의해 통제되는 듯 보였다. 그녀들이 머리칼을 뜯고 몸부림을 친다 해도 검은 상복은 그 슬픔의 깊이를 여실히 드러내주지 않을 것 같았다. 검정은 나를 계속 긴장하게 만들었다.

굴건을 하고 상장을 짚은 삼베옷의 상제가 그리웠다. 빛이 바랜 광목 치마의 여자가 그립기도 했다. 내 그리움이 혹시, 오랜 세월 익숙했던 삼베와 무명의 장례식에 대한 집착일지 모른다는 생각이 들었다. 또는 검은 상복에 대한 반발이거나. 하지만 익숙한 것, 오래된 것, 불편한 것이라고 해서 다 나쁜 것은 아닐 것이다. 감정을 이완시키고 풀어주는 색, 깊으면 깊은 대로, 얕으면 또 그대로 슬픔을 드러내고 기꺼이 슬픔의 배경이 되어주는 색. 내가 생각하는 그런 색은 적어도 검정은 아니었다.

흰 상복을 입고 탈진한 듯 문설주에 기대앉은 여자가 그리웠다. 그런 여자를 보면 눈물이 쏟아질 것 같았고 그녀의 아픔을 진심을 다해 감싸줄 듯싶었다. 구김살도 눈물 자국도 표가 나지 않는, 무슨 천인지 모를 검은 상복을 입은 사람들 사이에는 슬픔의 흐느낌보다 우울한 한숨만이 일렁였다.

해가 지기 전. 그림자가 길어지는 시간이 되면 세상의 빛깔들은 한 꺼풀씩 탈색된다. 천지만물들이 가진 색에 탁한 흰색, 광목의 색이 섞인다. 창밖으로 내다보이는, 유리로 시어진 서내한 나전무들도, 이제 막 불빛이 반짝이기 시작한 오션브릿지도, 그 위를 달려가는 자동차들도 모두 가슴팍에 성근 광목 한 장씩 두르고 있는 것 같다. 그 시간 동안, 풍경은 더할 나위 없이 유순해 보인다. 아름다워서 몸속 어딘가에 균열이 이는 시간은 덧없이 짧다.

문득 눈을 들었을 때, 내 앞에 그 선물 같은 시간이 다가와 있으면 어디서 솟아난 건지 모를 슬픔이 고인다. 슬픔은 내가 내 마음의 가장 깊은 바닥에 도달했음을 알려주는 신호. 그럴 때 나는 흰 천을 깔고 무릎 꿇어 어느 신에게라도 기도를 올리고 싶어진다.

성낙향: 2009년 《경남일보》 신춘문예 수필 당선, 2010년 《에세이문학》 추천완료.

......

666호실.

아침밥을 먹으려는데, 창기 쪽의 할미니가 얼굴이 갑자기 흑색이 되면서 입을 악~악 벌리며 팔을 뻗쳐들고 오그라지는 손을 발발 떨며 허공을 잡으려고 사력을 다하고 있었다. 목이 졸리는 것 같았다. 무서웠다. 병실에 있던 보호자들이 혼비백산하여 간호사를 부르며 뛰어나갔다. 저렇게 죽는가 싶었다. 항문과 대장을 잘라내고 배 밖에 똥주머니를 차고 육 년째 살고 있다는 칠순의 할머니다. 작년에 한쪽 신장도 떼어냈다고 했다. 자주 꼬이던 창자가 또 터졌던 것이다. 생후 육 개월 만에 어미 잃은 중학생 손녀 때문에 더 살아야 한다던 힐미니는 밥을 빈아놓고 응급실로 실러 갔나.

심한 요실금 증세를 참다못해 방광을 잘라냈다는 여자가 오줌주머니를 침대 허리에 매달고 불편하게 누워 있다. 남자가 보호자다.

남자는 갑갑증을 내고 밖으로 돌다가 오줌이 위험수위를 넘으려 할 때야 들어와서 가까스로 비우곤 한다. 농기계를 전부 다 갖추고 있다며 말자랑을 한다. 종균을 넣는 주사바늘을 호주머니에서 꺼내 보여주면서 버섯농사 얘기가 걸다. 이젠 일을 좀 줄이고 몸 생각을 하라며 옆 사람들이 거든다. 나중 여자의 실토로는, 다 허풍떠는 이야기며 남의 집 품팔이로 근근이 산다고 했다. 밤이면 남자는 짜증을 내며 집에 가고 싶다고 철없는 소리만 했다. 어둠 속에서도 오줌은 주머니에 그어 놓은 눈금을 차오르고 여자는 밤새 앓는 소리를 냈다.

목에 구멍을 내어 갑상선을 떼어내고 가슴팍에 피고름 주머니를 달고 있는 아가씨는 문병 온 친구들과 수다가 한창이다. 목에서 마른 수숫대 소리가 섞여 나온다. 의사는 말을 많이 하면 안 된다고 주의를 주었으나 친구, 애인, 남녀 문병객들이 줄지어 와서는 피자며 과자들을 먹으면서 떠들다 간다. 그녀의 엄마는 왈가닥 같던 목소리가 낮아져 여성다워졌다며 목소리는 회복이 안 됐으면 좋겠다고 한다. 젊은 그녀는 자주 바깥을 들락거린다. 그러다 열이 오르고 감기가 들고 산부인과를 다녀오기도 하고, 화려하고 굽 높은 부츠가 병원으로 배송돼 오기도 한다.

두 달 동안 침대에서 한 번도 내려와 보지 못한 여자가 있다. 날마다, 딸 여섯이 어김없이 번차례로 다녀간다. 유난히 반짝이는 요강과 물비린내가 가시지 않은 변기가 침대 아래 나란히 놓여 있다. 이 방에 제일 먼저 들어온 수석 환자라, 병실규칙이나 간호방법 등을 옆 사람들에게 이리저리 시키고 일러준다. 그러다가 느닷없이 보호자들을 밖으로 나가라고 장난감 딸랑이를 흔들며 명령을 내린다. 작은 것 할 때는 담요로 가리개를 만들어 요강에 볼일을 보고, 큰 것을 할 때는 담요를 덮고 누워서 한다. 잠시 후에 들어가면 미안한 기색조차 감쪽같다.
　떼어낸 쓸개에서 돌이 열댓 개나 나왔다는 삼십대의 여자는, 식구들이 비닐하우스 농사일로 바쁜 때라며 간병인을 고용했다. 어서 나가서 호박 수정을 해야 한다고, 누워 있을 때가 아니라면서 걱정을 쥐고 아픈 배를 뒤척인다. 벌 소리가 귓가에 붕붕, 호박꽃이 병원천장에 흐드러진 채 날이 새고 저문다고 한숨이다. 무통, 각종 항생제 등, 링거액이 다 들어가면 어느새 또 주머니들이 주렁주렁 달려 애를 태운다.
　며칠째 해소가 끓는 팔순의 할머니는 뱉은 가래를 화장지에 싸서 휴지통에 자꾸 담아야 하는 희귀한 병이라고 한다. 빈혈이 심해서 수혈을 자주해야 하는 환자다. 환자복을 갈아입히는데, 속바지 낡은 주머니 입에 큰 옷핀이 꽂혀 있다. 며느리가 웃는다. '늙은이가 돈이라도 지니야제, 맨살에 닿는 느낌이 있어야 안심이 되더라' 는 할머니는 문병객들이 오면 하나씩 주고 가는 봉투들을 주머니가 불룩하도록 넣는다. 어제는 정신이 혼망하여 갈아입고 벗은 옷에 돈주머니가 딸려나갔다. 며느리가 헌옷 더미를 뒤져 겨우 찾아다 드리자 다시 주머니에 넣었다.
　손녀가 미성년자라 수술 동의서를 작성할 수 없어 발을 구르게 했던, 우스개로 부르는 '똥주머니 할매' 가 생사를 장담 못한다는 수술을 마치고 병실로 막 들어선다. 시트에 어지럽게 찍히다 흥건해진

핏자국들. 얼핏, 죽은 듯한 환자를 보고 사람들이 선뜩, 진저리를 친다. 그때를 맞춘 듯이 덜컹 쿠르릉, 복도에 저녁 밥차가 왔다. 환자와 가족들은 일시에 생기가 돈다. 그 사이로 밥 냄새가 더 진동한다. 보호자 여섯 사람이 줄을 선다. '오늘 반찬은 다 잘 나왔네, 그러네' 하면서 미리 서로 식욕을 돋우며 받아든다. 아침에는 된장국, 점심 때는 명태국, 저녁에는 냉이국이다. 이름만큼 거창하지 않더라도, 진미에 가까운 향을 품어내려고 반투명으로 비치는 뚜껑 속의 반찬들이 안간힘을 쓴다. 조리사들 콧등에 땀이 송송하다. 그들의 얼굴에 몸에 따라온 열기가 밥 냄새를 후끈 덥힌다. 배고픈 줄을 모르겠다고 하다가도 밥 때를 놓치면 큰일이라도 나는 양 너도 나도 수저질에 열심이다.

침대 위에서 볼일을 보는 그녀는 큰 것을 걱정하면서도 밥을 남기지 않는다. 목에 구멍이 난 아가씨도 밥은 잘 넘긴다. 죽은 듯 누워 있던 사람도 일어나 밥 앞에 앉는다. 밥 냄새만으로도 아픈 데가 조금씩 치유가 되는가. 밥을 먹을 수 없는 누운 환자도 밥에 대한 예의인 듯 꿈틀, 약간의 미동을 보인다. 며칠째 밥을 받아놓고 구역질을 하는 할머니는 먹어야 산다는 정신과 아직 안 된다는 몸이 싸우고 있다. 올라오려는 밥을 목구멍이 억지를 써서 내려보낸다. 저쪽 구석자리의 여자환자는 간호하는 남자 밥그릇에 자기 밥을 덜어 얹어주고 억지로 몇 술 뜬다.

밤은 두렵다. 병원의 밤은 더 두렵다. 앓는 소리, 꿈꾸는 것마저 고통인 잠꼬대소리, 복도를 달음질치는 위급한 구둣발소리, 곧 고요를 찢고 죽음을 울부짖는 소리까지 삼켜야 하는 밤은 벼랑을 더듬듯 깊어간다. 병원의 이 짐승 같은 한밤중도 어쩌다 고요해지는 때가 있다. 그 잠깐의 고요를 틈타 가쁜 숨결들 사이로 다양한 주머니들의 합창이 작은 연주회를 여는가보다. 몸 밖으로 쫓겨나온 주머니들이 기어코 몸 안으로 들어가려는 몸부림의 기도음, 저희들끼리 내는 합창음, 서로 다투기도 하는 불협화음들이 내는 소리들이다. 똑, 뚜우 뚜, 찌이 찌, 삐이 쉬익 쉭 푸우 크…….

어떨 땐, 계절이 바뀌는 풀밭에서 듣는 곤충들 소리 같기도 하고, 약물 입자들이 몸 안으로 무전을 치는 전파 같기도 하다. 화장실을 다녀오는 환자의 신발 끄는 소리, 폴대에 달린 주머니들이 절그렁 절그렁 내는 소리에 잠결을 뒤척인다.

코고는 소리가 규칙적으로 들린다. 고통 사이로 샛잠을 자는가 보다. 바깥의 연주회 소리들을 들으면서 헌 주머니들은 새 주머니의 꿈을 꾸기도 할 것이다. 폐허가 된 폐사지(廢寺址)에 뒹구는 기와 조각을 뒤적이며 연화무늬를 꿰맞춰보는지. 어제까지도 밥이 편하게 머물다 가던 정차역이 오늘 문득 흔적 없이 사라지고, 그 자리에 들어선 낯선 간이역에서 안절부절 하고 있을 멀건 미음이 안쓰럽게 느껴진다.

억지로 넘긴 밥은 어디쯤을 지나고 있을까. 작고 하찮은 주머니라도 그냥 지나는 법 없이 햇살을, 물을, 산소를, 불기운을 각각의 장소에 필요한 만큼씩 나눠주고 있을까? 주머니들의 사각지대에 있을 흉터를 지날 때는 놀 깨던 망치소리에 허리가 끊어지는 아픔을 실습할지도 모른다. 부디 다 무사하기를.

생명이 위험할수록 환자의 머리맡에 달리는 주머니들 수는 많아

진다. 언젠가는 통합된 주머니 하나로 몸 안을 원격조정 하는 날이 올까? 끝도 없어 보이는 주머니들이 오늘도 666호실에서 싸우고 있다

옷핀 하나가 할머니 몸 바깥 주머니를 간신히 지키고 있는 봄날, 파란 들길에 북을 치며 지나가는 악단처럼 스테인리스 식판에 울리는 수저 소리가 경쾌한 장단으로 주머니 행진곡을 연주하고 있다.

이고운: 2002년 ≪개천문학≫ 신인상 수상,
2004년 ≪월간문학≫, ≪계간수필≫ 등단.

호드기

하늘이 살짝 내려앉은 아침, 다투어 봄꽃이 피었다. 아침밥과 반찬 두어 가지, 간식이 든 바구니를 들고 할배를 찾아갔다. 내문은 열려 있고, 방안에서는 기척이 없다. 정지문고리에 질러둔 모지랭이 숟가락을 빼고 문을 열었다. 살강 밑 단지에 진달래, 개나리가 꽂혀 있다. 정지간이 환하다. 밥상을 차리려다 꺼내던 그릇을 도로 챙겨 넣고 삽짝으로 나가 섰다. 저 동쪽 모롱이에서 땅을 끌면서 노인이 오고 있었다. 몇 발작 달려 나가다 소리에 멈칫 섰다.

이태 전, 꽃샘추위에 제비가 얼어 죽었다. 곡기를 끊고 누워 있는 할아버지를 만나러 가자는 연락을 받았다. 봉사대장 할매랑 찾아갔다. 굴다리 밑에 낡고 기울어진 슬레이트집. 작은 분틈으로 찬바람이 비집고 들어선 그 냉골방. 두서너 평 될까 휑한 방에 모로 누워 있는 할배를 처음 만났다. 미동도 않고 숨소리도 없이 눈만 깜박이는 할배가 무서워 나는 마당만 쳐다봤다. 창졸간에 한솥밥 먹던 할멈이 먼저 떠났다. 봉사대장 할멈이 할배를 달래고 얼러서 일으켜 앉혀도 입을 열지 않았다. 영정사진을 들고는 먼저 간 할매를 봐서라도 이러면 안 된다고 설득했다. 이레 되던 날, 처음으로 멀건 죽을 입술에 축였다.

죽만 끓여 갔다. 화단의 개나리가 노란 입을 벌리고 가지마다 움을 틔운다. 들어서다 흠칫 놀랐다. 조그만 청 끝에 할배가 앉아 있었다. 필— 닐리리—.

'욕 보니요' 낮은 목소리였다. 얼굴에 핏기가 돌아선지 선한 인상에 따뜻함이 전해왔다. 죽 끓여 들고 간 내 손에 호드기 하나를 쥐어 주었다. 할배 옆에는 너덧 개의 호드기가 있었다. 할배는 불어보라는 시늉을 냈다. 입에 대고 따라 불어도 나는 제소리를 못 냈다. 삑~, 삐~. '이건 소리가 안 들었는갑다' 내가 말하자 '인자 밥 먹을라요' 할배가 답했다. 대문간의 오얏나무 꽃에서도 달큰한 향기를 마당에 활짝 뿌렸다.

대여섯 묶은 아이가 강둑으로 내달린다. 한참을 가도 비비종 종다리 소리임자는 없고 거기 버들개지 있었다. 아이는 물오른 가지를 잘라 제 손가락 마디만큼 잘랐다. 주머니칼로 금을 내고 살짝 비튼다. 소리 없이 옷을 벗은 포리한 속가지에서 아가 살 내음이 살풋 연한 수박향이 난다. 갈색 대롱 한쪽 끄트머리를 칼로 삐져 다듬고, 앞니로 자근자근 눌러 소리 길을 낸다. 입에 문다. 볼 풍선에 힘을 주고 세게 분다. 삑. 아구도 아프고 볼도 아린다. 거꾸로 물고 숨을 들이키며 다시 후 분다.

용을 쓰고 기를 쓰다 버들개지 용용 혓바닥 간질일 때 사 삐리-리. 아지랑이 먼 길 삐빅 거리며 소리 길 다듬어 달린다. 초가집 앞에까지 왔다. 구박하던 계모 그림자에 놀라 뒤로 돌아 숨었다. 울을 돌아 쪼그려 공처럼 앉았다. 배가 고파 잠이 깨어 살금살금 들어섰다. 털보아비랑 눈칫밥 주던 계모, 풀대죽 끓여주던 어린 누이가 흔적 없이 사라졌다. 입 안에 사르르 녹던 어린 삘기 한 줌, 손 땟자국 멍들어 입에 넣으니 새품이었다.

할배는 노래를 참 잘한다. 하루 두세 번, 온 동네를 돌며 폐지를 수집한다. 정오가 되면 흥얼거리는 소리가 골목을 먼저 찾는다. 수레에 매단 라디오 노랫소리가 신난다. 자신보다 더 큰 수레에 세상이 걸러낸 잡것들이 담겨 달강거린다. 나는 모아둔 폐지와 재활용을 들고 대문간으로 간다. '오늘은 아침부터 기분이 좋아 보이는데예' 하니 아침 대숲 길 골목에서 쓸 만한 물건을 건졌다며 소리 한 번 경쾌하다. 전에 내가 부탁했던 '각시가 부탁한 빨래 삶는 솥은 그냥가지시요' 달달한 커피 한 잔에 선심을 쓰며 또 노래다. '어디서 노래가 자꾸 나옵니꺼' 하니 '아. 내 등에만 달린 소리통이 있거든.'

젊었을 때 마음을 못 잡고 죽을라고 했지요. 그때 라디오에 나오는 가수를 딱 한번 만나보면 죽어도 원이 없겠더라고요. 야간열차를 타고 서울로 갔지요. 방송국에 물어물어 유명한 가수 집 앞을 찾아가 부삭성 만나기를 삭성했어요. 처음엔 서텅뱅이 취급 하더만요. 그래도 악착시리 기다렸지요. 스무 날쯤 죽치고 있으니 하늘도 노랗고 오늘도 못 만나면 콱 죽어 버리야겠다 싶데요. 문 앞을 지킨 끈기에 딱 십 분만 시간 준다 캐요. 노래 한 곡만 불러보라 하더마요. 막상 그 앞에서 노래를 부를라고 하니 제대로 못 불렀지요. 떨려서. 내 손을 잡아 주더니 '음색이 갸날파 트로트가 어울리는데. 소질이 있어 보이지만, 그냥 노래를 즐기면서 살면 좋겠어요' 그 말에 이날까지 목숨 살았지요.

큰길 건너 컨테이너 앞에 노인 서넛이 웅크려 소주를 마신다. 웅크린 할배도 있다. 씹어도 씹히지 않는 마른 북어 한 조각에 술이 죽는다. 엿가락 장단을 맞추듯 빈 수레 손잡이를 두들기며 지우뚱 자우뚱 질척거리는 개양 굴다리로 세월처럼 구부러진 길을 건너온다. '옛 이야기 들어라, 나는 어쩌면 생겨 나와~' 아픈 가락 한 소절을 빈 수레에 얹고 모퉁이를 돈다. 동네 할머니들이 위로도 얹어 준다.

그래도 내가 이 세상 살아 이만큼 구경한 게 최고 즐거운 일이요. 내 가장 즐기는 이 놀이도 할마이 가고 없으니 싱겁소 '구름도 쉬어 가는, 쉬어가는 저 산 아래~' 할배는 구성진 노래에 시름을 털고 다닌다. 폐지가 필요한 게 아니라 사람이 그리워 길을 나선다. 앉아서 세상을 터득하지 못하고, 평생 말보다 몸으로 부딪혀 익히고 나눔을 실천하는 곱새 할배. 나는 해 드릴 게 없다. 따뜻한 차 한 잔 들고 나간다. '참 고맙소'

올 춘삼월, 유독 비가 잦다. 봄 하늘이 울고 울다 또 내린다. 장자골 왕버들 새순이 돋는다. 연둣빛 조막손 터뜨리는 소리. 젖은 어깨뼛속이 시리고, 부은 발이 신발 속에서 질퍽거린다. 느릿느릿 길을 걷는 등 굽은 할배. 이 비 그치면 서러운 풀빛이 짙어오겠다.

먼데 갯가 하늘로 하늘로 솟아 외로움 타는 버드나무, 물 떨리는 소리가 난다.

강미나 : 2009년 ≪수필시대≫ 등단.

어깨너머

궁금했다. 무엇일까. 아니 무슨 일이 일어나고 있는 것일까. 사람들이 성처럼 둘러선 보이지 않는 그 중심에서 어떤 일이 생긴 것일까. 그러나 급하고 위험한 일은 아닌 것 같다. 사람들의 표정이 호기심이고 기대인 것으로 보아 어떤 재미있고 신기한 일인 것이 분명하다.

나는 그 중심의 무엇인가를 확인하기 위해 우선 깨금발로 키 높이를 조정해 보았다. 하지만 그건 어림도 없는 일이었다. 사람들이 쌓은 성이 다섯 겹도 넘었다. 나는 조심스럽게 조금 느슨해 보이는 사람과 사람 사이를 뚫고 좀 더 안으로 들어갔다. 그러나 이내 앞사람에 막히고 말았다. 키는 나보다 크지 않은데 덩치가 커서 내 눈이 뚫고 들어갈 틈을 아예 차단해 버렸다.

그때였다. 와! 하고 사람들의 환성을 터졌다. 도대체 무슨 일인가.

무슨 일이 벌어지고 있는 것일까. 아 그렇다. 내가 일차로 시도해 보았던 깨금발을 여기서 써보면 되겠구나. 내 키를 최대한 높이기 위한 깨금발을 시도해 보았다. 드디어 앞사람의 목을 피해 어깨너머로 그 궁금한 곳에 내 눈길이 가 닿았다.

순간 내 입에선 피식 웃음이 나오고 말았다. 그때 또 한 번 환호성이 터지고 다른 한쪽에선 '에이!' 하는 소리가 동시에 들려왔다. 윷놀이 판이었다. 공원에서 척사대회가 열리고 있었다. 다 참여자는 아닌 것 같았다. 그러나 몇 명이 빙 둘러 응원하고 관전하다 보니 군중심리가 사람들을 하나 둘씩 이만큼이 되도록 모이게 했을 것 같다.

어떻든 나도 더 이상 앞으로는 나갈 수 없는 상황에서 앞사람의 어깨너머로 윷놀이 광경을 지켜보았다. 두 동이를 업고 가던 말이 거의 다 가서 지키고 있던 상대편 말에 잡혀버린 것이다. 전세는 안전히 뒤바뀌어버렸다. 그런데 바로 앞에서 걸리는 것 없이 보는 것보다 이렇게 어깨너머로 불편하지만 조금은 비밀스럽게 보는 이것이 훨씬 더 스릴 있고 재미있다는 생각이 들었다. 훔쳐보는 것도 아닌데 어깨너머로 보다보니 몰래 훔쳐보는 것 같은 스릴이 느껴진 것이다. 순간 '어깨너머'란 말이 아주 정겹게 다가오는 듯하더니 그러나 이내 서글프게 가슴으로 파고들었다.

내가 어렸을 때 들은 얘기로 막내이모는 학교엘 가지 못했단다. 할아버지께서 큰이모만 학교엘 다니게 했는데 그걸 너무도 부러워한 막내이모가 몰래 언니의 뒤를 따라가 교실 밖 유리창을 통해 수업광경을 지켜보곤 했다 한다. 여자에게 공부시키는 것을 별로 장려

하지 않는 때였기에 그랬겠지만 왜 큰이모는 학교에 보내고 작은 이모는 못 가게 했는지 그 이유는 모르겠다. 하여간 막내이모는 언니의 어깨너머로 선생님과 칠판을 훔쳐보며 몰래 도둑공부를 했다. 그리고는 언니보다 일찍 집으로 와 모른 체했단다. 그래도 많이 영특했던지 도둑공부로도 거의 다 내용을 이해했다고 한다. 그 광경을 할아버지를 잘 아시는 교장선생님께서 보게 되었고 교장선생님이 이 사실을 할아버지께 말씀드린 덕택에 4학년 2학기로 편입이 되었다고 했다. 어깨너머로 하던 공부를 교실에 들어가 마음놓고 할 수 있게 되었으니 그때 이모의 기쁨이 오죽 컸으랴.

'어깨너머' 란 말의 뜻은 '남이 하는 것을 옆에서 보거나 듣거나 함' 인데 정상적인 방법으로 배우지 못한 기술 같은 것을 두고 하는 말이기도 하다. 하지만 '어깨너머' 란 말 속엔 내가 들어갈 수 없는 곳, 내가 가면 안 되는 곳, 나를 막는 것이 있는 곳이라는 안타까운 뜻이 숨어 있다. 그래서 슬픔의 냄새가 짙게 풍겨난다. 아버지를 아버지라 부르지 못하고 어머니를 어머니라 할 수 없던 옛 소설 속 안타까움 같은 슬픔이랄까.

나는 그 어깨너머란 뜻도 제대로 모르던 어린 날에 어깨너머로 슬픔을 삼킨 적이 있다. 초등학교 운동회 날 정성스레 준비한 음식을 펼쳐놓고 먹고 있던 친구의 모습, 친구 어머니의 어깨너머로 보이던 먹을거리와 그걸 즐겁게 맛있게 먹고 있던 친구의 모습이 지금도 생각난다. 특히 먹는 걸 바라보며 흐뭇함 가득 등을 두드려 주면서 입에도 넣어주는 그 어머니의 모습에는 나도 모르게 흐르는 눈물을 손등으로 훔치곤 했다.

또 한 번은 중학생 때였다. 친구가 결석을 하여 무슨 일인가 가보라는 선생님의 말씀대로 그 친구네 집을 찾았다. 인기척을 내도 아무 소리가 없어 뚫린 창구멍으로 방안을 들여다보았다. 그때 누워있는 친구의 이마에 물수건을 해주고 있는 친구어머니와 그 어머니의 어깨너머로 보이던 친구의 모습이 보였다. 그 순간 저게 세상에서 가장 행복한 모습이겠구나 생각이 들며 울컥 넘치고 마는 눈물을 억제 못한 채 뛰쳐나오고 말았었다. 그러나 꼭 그렇게 슬픈 영상으로만 어깨너머가 기억되는 것은 아니다.

미국에서 산타모니카 바닷가를 걷고 있었는데 사람들이 둘러서 있는 모습이 보여 궁금해 그곳을 들여다보았다. 둘러쳐진 사람들의 뒤 어깨너머로 한 광경이 보였다. 오른 팔이 없고 왼팔 하나만 있는 젊은이가 초상화를 그리고 있었다. 그런데 어찌나 정교하게 그리고 얼마나 빨리 그리는지 실로 놀랍기만 했다.

원래 화가였는데 사고로 한쪽 팔을 잃었는지, 한쪽 팔이 없어서 생계를 위해 그림을 배운 것인지는 알 수 없었다. 하지만 보통의 솜씨가 넘는 그를 똑바로는 보지 못하고 앞사람의 어깨너머로 그의 표정을 살펴보았다. 그런데 그림을 그리고 있는 그의 표정이 어찌나 평온하고 당당하고 장난기까지 넘치는 귀여운 모습인지 몰랐다. 그래서 그런지 그가 그려내는 그림은 아주 맑고 밝은 모습이었다.

그는 보이는 그대로를 그린다기보다 자신이 찾아낸 가장 좋은 면을 부각시켜 그리는 것 같았다. 그러나보니 자연 그림 속의 표정도 밝아지고 천진스러워 보이기까지 했다. 발길을 돌리면서 살짝 앞사람의 어깨너머로 그를 한 번 더 훔쳐보았다. 뭐가 그리 좋은지 콧노래라도 부르는 것 같았다.

어깨너머, 사람들은 좋지 않은 쪽에서 어깨너머로 훔쳐본다. 그러나 어쩌면 어깨너머란 너무 겸손하고 너무 착해 보란 듯 나서지 못하는 수줍음의 동작일 수도 있다는 생각을 했다. 너무 당당한 사람들로 넘쳐나는 요즘인데 어깨너머로나 참여할 수 있는 수줍음은 오히려 귀하지 않을까.

갑자기 키보다 높은 담 너머로 안타깝게 깨금발을 하며 지나가는 결혼 행렬을 훔쳐보는 옛 풍속도 속의 한 여자아이가 나를 닮은 것 같다는 생각이 드는 것은 왜일까.

최원현: 수필가 · 컬럼니스트 · 문학평론가, 《한국수필》에 수필, 《조선문학》에 문학평론 등단. 한국수필문학상, 동포문학상 대상, 현대수필문학상, 구름카페문학상 등 수상.

편지

첫눈에, 그녀였다. 처녀 때 그대로의 가냘픈 몸피, 짧게 커트한 곱슬머리, 일자눈썹 밑에 맑게 반짝이는 눈. 40년 세월은 간데온데없었다. 또박또박 걷던 걸음을 드티며 그녀가 누군가를 두리번거리며 찾았다. 눈을 빛내며 조바심하듯 찾는 사람이 나라는 사실이 순간, 직감으로 다가섰다. 뒤를 따라 오감이 진동자처럼 떨렸다.

식대를 지불하느라 일행 뒤에 처져 식당 안에 남아 있던 나는, 숨이 멎었다. 그냥 그 자리에 얼어붙은 채 손끝 하나 까딱 못하고 서서 앞 유리창을 통해 망연히 그녀를 바라보기만 했다. 오래오래 바라고 기다리며 꿈꾸던 우연한 해후의 순간이 바로 지금임을 나는 금세 알아차렸다. 와락 달려 나가고 싶은 건 마음뿐 몸은 마웟딩이라도 된 듯 움직여 주질 않았다. 목이 탔다.

피하듯 얼굴 마주치는 일 없이 40년 세월을 보내고는 있어도 남녀

공학인 고등학교를 함께 졸업한 사이라 그녀와 나는 서로의 근황에 대해 거의 모르는 것이 없었다. 동창 홈피와 분기마다 나오는 회보, 그리고 입들을 통해 동기들 모두의 행동반경과 생활상은 남우세스러울 정도로 낱낱이 서로에게 자세자세 알려지고 있었다. 그녀가 이 동네에 산다는 것을 내가 진즉부터 알고 있듯, 매주 월요일마다 이곳 고교 동창회 건물 강의실에서 선후배 동창들과 함께 두 해째 중국고전을 수강하고 있다는 따위 나의 동정을 그녀가 모를 리 없었다.

그녀는 한 번 더 저만치 멀어진 내 일행들의 면면을 미진한 듯 살피고 나서 서름하게 몸을 돌렸다. 그들 속에 내가 있지 않은 걸 의아해 하는, 실망스러워하는 표정을 감추려하지도 않았다. 돌아서며 가볍게 비트적하는가 싶던 몸을 바로 추슬러 세우고 오던 골목길을 또박또박 다시 걸어 올라갔다.

그녀의 남편이 도량이 넓고 그녀처럼 조용하고 착한 사람이라는 이야기가, 아들이 전공의 과정을 마쳤다는 이야기가, 집안 가득 갖가지 기화요초를 키우며 아름답게 산다는 이야기가, 이야기 이야기들이 두서없이 튀어 올라 귓속을 윙윙 먹먹하게 울려댔다. 순간은 그렇게 지나갔다. 그녀의 가장 친한 친구 중 한사람인 J의 친정어머니 상사에 문상 갔던 열두 해 전의 그날처럼 가슴이 다시 또 막막하게 흐려왔다.

6월 초쯤이던 문상하던 날, 지하철역을 나와 빈소가 있는 W아파트까지 가는 내내 나는 사위스럽게도 고인을 추모한다기보다 '그녀와 마주치는' 것만을 열심히 생각했었다. 빈소에 먼저 와서 앉아 있지는 않을까. 어쩌면 길에서 오다가다 마주칠지도 몰라. 만일 없다 해도 한 서너 시간 죽치고 앉아 있으면 틀림없이 그녀를 볼 수 있을 거란 생각에 초여름의 풍성한 가로수 잎들도, 푸르른 하늘도 눈에 들어오질 않았다. 자연스러운 척 만날 기회가 이보다 더 좋을 때가 있을까보냐며 시간까지 꼼꼼히 계산하여 주부들이 나들이하기 좋을 2시로 잡았었다. 아파트로 가는 멀지 않은 길을 아주 느릿느릿 걸었다. 하지만 빈소에 도착하기까지 그녀와 마주치는 요행수는 일어나지 않았다.

 빈소에도, 거실과 방 둘 어디에도 그녀는 보이지 않았다. 조바심하는 내 속을 눈치챈 J가 과일과 음료를 가지고 곁에 와 앉으며 넌지시 그녀가 다녀갔음을 말해줬다. 30분쯤 됐다고 했다. 이야기를 듣고 나서도 한동안, 행여 그녀가 앉았다 갔을 구석 쪽 자리에 상기 흐릿한 음영이라도 남아 있지 않을까 헛되이 더듬다 이윽게 싱가를 나왔다. 집으로 오는 내내 나의 망막에는 검은 정장을 단정하게 차려 입었을 다소곳한 그녀의 영상만이 계속해서 떠올랐다. 불과 십여 분의 차이, 속절없이 사라진 두 번째의 기회였다.

 첫 번째 기회는 그보다 8년 전에 있었다. 인천에서 개원하고 있던 나는 해마다 열리는 연말 동창회모임에는 거의 참석을 못했다. 40 중반, 마침 그해의 동창회는 주말에 열렸다. 덕분에 모처럼만에 나도 참석할 수 있었다. 식이 시작되고 얼마쯤 지났을 때, 평소보다 가깝게 지내는 친구 K가 곁에 외 앉으며 넌지시 그녀의 참석을 알려왔다. 하지만 나는 감히 고개를 돌려 그녀 쪽을 쳐다보지 못했다. 단상만 주시하며 회의에 열중하는 듯 가장하여 자글대는 속을 태연무심

숨겼다. 모임이 끝나 흘낏 그쪽을 살폈을 때는 이미 그녀의 테이블은 텅 빈 뒤였다. 다음날 전해들은 이야기는 더 아프게 가슴을 찔러댔다.

홀에 들어서는 내 모습을 발견하는 순간 그녀의 얼굴은 새파랗게 굳어졌다고 했다. 모임 내내 말을 잃고 앉았던 모습이 보기 딱했던 곁의 친구들이 식이 끝나기 무섭게 그녀를 호위하듯 감싸 서둘러 홀을 빠져나갔다고 했다. 생각 없이 모임에 나타나 미안했노란 가슴 속 혼자 하는 말 한마디가 어찌 위로가 될까. 그 뒤로 그녀는 동창회에 더는 나타나지 않았다.

보는 순간 온통 넋을 빼앗긴 고교 독서모임에서의 첫 상면, 가을의 관악산행, 두물머리 강변나들이, 대학 1년 겨울방학 중 눈 나리는 늦은 저녁의 첫 방문과 그녀의 정성스럽고 깔끔하던 상차림, 식구들과 함께 하던 저녁식사, 여름방학 내내 하루도 거르지 않았던 정릉 골짜기로의 데이트. 어느 때 어느 경우에도 상대를 배려하고 뜻을 거스르지 않던 그녀의 온순함.

낙엽 쌓인 창덕궁 뜰, 더운 입김에 발갛게 볼을 물들이며 선 그 아이의 눈동자는 그대로 높푸른 가을하늘이었다. 구름 옅게 흐르던 투명한 눈동자를, 비취빛으로 물들던 그윽한 눈동자를, 시간이 정지된 순간이 지나고 눈을 떴을 때, 온통 하늘빛 너른 호수가 되어 있던 고궁의 가을 뜰을, 몇 숨이 지나서야 환영 속에 부용정과 나무들이 제 모습으로 나타나던 그 선열(禪悅)의 순간을 내 어찌…… 하지만, 어이없고 어리석은 나의 실수로 뜰은 저물고 봄은 다시 오지 않았다.

해마다 4월이면 대조전 뒤뜰에 어김없이 옥매화 화사하게 피듯,

내 눈엔 그리움이 아릿하게 핀다. 해마다 가을이면 부용지 짙붉게 단풍들 듯, 내 뺨엔 그때의 붉은 빛이 또 어김없이 되살아나 속을 태운다.

그런 날들이면 나는 표지 누렇게 바랜 『묘법연화경』 갈피에 끼워 둔, 양면괘지에 쓴 부치지 못한 편지 하나를 꺼내 든다. 그리고 흑백 사진 한 장. 낙선재로 내려서는 길목, 영산홍 가득 핀 화단 앞에 그녀가 여전한 모습으로 서서 잔잔하게 웃고 있다. 그녀의 조용한 행복이 가슴을 적셔온다.

오세윤: 2004년 계간 《시와 산문》, 2008년 《에세이 문학》 등단.

제4부 시력의 한계

몽유도원도를 들여다보며

 옛 그림을 보다가 그림 그린 이가 궁금해지면 으레 뒤의 낙관을 찾게 된다. 언젠가 인사동의 한 화랑에서 '조선시대 무낙관회화전'을 본 적이 있는데, 내겐 꼭 주인이 없는 빈집을 찾아온 기분이어서 허전했다. 이번에야 보게 된 〈몽유도원도〉 앞에 서서 남모를 허전함을 느끼게 된 것도 거기 안견의 낙관이 없다는 데 있었다. 직접 눈으로 보니, 그림의 우측 하단에 있는 '지곡가도작(池谷可度作)'이라 한 관서(欵書)는 정말 안견이 아닌 안평대군이 대신 써넣은 글씨라는 걸 부정할 수가 없었다. 몽유도원도에서 정작 안견은 만나보지를 못한 것이다. 허전함을 넘어 우울하기까지 했다.
 그런데 안견은 왜 대군이 써주노록까지 사신은 낙관을 하려 하지 않았을까. 혹 무낙관으로 이 그림에서의 자신의 부재함을, 무언가의 속맘을 오히려 그렇게 드러내려했던 건 아니었을까. 이런 생각이 내게 든 것은 이 도원이 안견 자신의 도원은 아니었기 때문이다. 아니 대군이 꿈에서 보았다는 도원이 그림을 그리는 안견의 안목으론 도원이 아닐 수도 있어서였다. 사람들의 말대로 안견을, 저 중국 북송대의 이성, 곽희 등의 이른바 북종화의 한 맥으로 보고, 〈사시팔경도〉나 〈적벽도〉, 〈어촌석조도〉까지 그의 그림으로 추정을 한다면, 정말 이 몽유도원도는 그런 안견의 그림으론 파격이 아닐 수가 없다. 천, 지, 인, 삼재의 참여[參天地化育]를 이상으로 하는 북종 산수화 어디에도, 전칭되고 있는 안견의 그림 어디에도 있어야할 사람이 빠진 이런 그림은 없다. 비록 잘 보이지 않는 어느 한구석일망정 거기 동참하고 있는 사람이 있었던 것이다.

이 몽유도원도엔 사람이 보이지 않는다. 빈집, 빈들, 빈 배일 뿐, 움직이는 것이라곤 아무 것도 없는, 바람마저 멎은 듯 한 텅 빈 마을, 그 가운데 금빛의 도화(桃花)만이 유난스레 피어 있을 뿐이다. 나는, 사흘 만에 그려 들고 온 이 그림 앞에서 반색을 하고 있는 대군과 자신의 그림이면서도 낙관은 고사하고 오히려 낯이 설어 멀찍이 바라보고 서있는 안견의 모습이 눈앞에 어른거려 어지럽기까지 했다. 둘의 숨길 수 없는 간극을 보게 된 것이다. 이 간극은 대군과 붓을 든 한 화원(畵員)의 신분적 간극을 넘어, 인간의 낙원을 찾는 한 거대담론가와 오히려 그 낙원의 무늬와 결을 찾는 한 섬세한 화원의 간극이었으며, 인간의 낙원이란 무엇이고 어디 있는가를 묻는 한 개념론자와 낙원은 어떠해야 하는가를 묻는 한 구성론자의 간극이기도 하였다.

인간의 낙원이란 본디 거대담론가들의 '꿈속의 낙원'이었다. 안

평대군의 도원만이 아니라 허균의 율도국도, 토마스 모어의 유토피아도 맑스의 공산사회도 들여다보면 다 그러했다. 이 견광(狷狂)의 거대담론가들은 심한 우김성까지 가지고 있어, 자신들의 한낱 꿈을 모두의 꿈으로 만들려하거나 그 논리 속에 가두어 사람들을 꼼짝 못하도록 하려하거나 했다. 그리라는 그림만을 그리게 하고, 쓰라하는 글만을 쓰게 하고, 부르라하는 노래만을 부르게 했다. 사람들은 꿈을 잃고만 것이다. 아니 저들의 꿈으로 대체가 되고만 것이다. 저들 앞에 하릴없는 '밥벌이'가 되어 그 주변만을 끝없이 맴돌고 있을 뿐이었다. 나는 안견이 호(號)를 '주경(朱耕)'이라 하고, 자신을 '밥벌이 그림쟁이'로 자처한 일을 지나쳐 볼 수가 없게 되었다. 농부가 쟁기로 밭을 갈 듯 자신은 인주 묻은 붉은 도인(圖印)을 눌러 밥을 벌어 먹고사는 자라 했다. 밥만 준다면 무슨 그림인들 그릴 수 없겠느냐는 게 당대의 화원, 안견이 내뱉은 자조와 한숨의 고백이었다. 〈몽유도원도〉에 낙관을 하지 않은 이유이기도 했을 것이다.

밥벌이라 하니 내게도 할 말이 있는 것 같다. 나는 평생 아이들을 가르치며 밥을 벌어먹고 살아왔다. 때론 밥이 적어 주변을 이리저리 기웃거려 보기도 하고 조그마한 유혹에 가슴 설레 본 적도 있었지만, 그러나 그럴 때마다 이내 마음을 접고 그냥 주저앉아버리곤 한 건 내 타고난 능력의 한계라는 것 말고도 다른 까닭이 있었다. 하는 일이 쏙 밥벌이만이라 한나넌 보잘것없는 나 자신이 더 초라해지고 더 왜소해지는 것 아닌가 하는 거였다.

그랬던 난데, 이 일을 크게 후회한 적이 있다. 자리를 박차고 일찍

뛰쳐나가지 못했던 걸 반성까지해 본 적이 있다. 나 자신이 '밥벌이 선생'으로 철저히 인식되고 고백되는 순간이었다. 내가 서있는 작은 이 교실에까지 이른바 이념의 회오리바람이 불어닥칠 때였다. 낙원에 대한 누군가의 꿈에서 연유했을 이 바람은 문풍지 소리까지 잠을 재워야 하는 교실 안을 송두리째 뒤집어놓았다. 아이들은 아이들대로 선생님들은 선생님들 대로 그 눈빛이 달라져 보였다. 인권이니 자유니 해방이니 하는 용어까지 동원하던 아이들은 학교나 사회를 향해 전선 비슷한 걸 구축하려드는가 하면, 진보니 보수니 혁신이니 개혁이니 하며 이 아이들과 함께 하는 선생님들은 모든 시각의 교정을 아주 구체적으로 요구해왔다. 들고 있는 교과서도 다시 써야 하고 편제도 조직도 바꿔야 하며 아무개 아무개 하던 고유명의 아이들도 계급적 시각에서 보통명사화, 평등화 해야 했다. 그것이 낙원으로 가는 길이라 했다.

나는 갑자기 이 거대담론가들에 둘러싸여 주눅이 들어버렸다. '밥벌이 선생'이란 말 외엔 어떤 말로도 설명할 수 없이 되어버린 나 자신에 화들짝 놀라기까지 했다. 그러나 그러면서도 혼자서는 무언가를 끊임없이 중얼대고 있었다. 인간의 낙원은 과연 있는 것인가. 있을지도 모른다. 그러나 그곳은 아마도 모든 사람에게 꿈을 다시 찾아주는 곳일 게다. 밥 때문이 아닌 자신의 꿈 때문에 그림도 그리고 글도 쓰고 노래도 하는 곳일 게다. 그리고 그곳은 분명 이런 소란스런 이념이니 사상이니 하는 거대담론으로는, 이런 우김질로는 결코 찾아갈 수가 없을 것이다라고.

국립박물관 전시실, 그 묵시적 조명 아래 안견은 무낙관의 〈몽유도원도〉로 오히려 내게 많은 이야기를 해주고 있었다.

김영만: ≪수필공원≫ 추천완료.

시력의 한계

 어쩌다가 안경을 쓰고 거울을 들여다보는 일이 생긴다. 의식적으로 되풀이해서 하는 짓이 아니다 보니, 그때마다 나는 흰 머리카락이 부쩍 늘고 얼굴에 주름살이 이리저리 마구 패인 몰골을 발견하고 놀라곤 한다. 안경을 쓰지 않고 먼발치에서 거울을 바라볼 때는 그렇게 극명하게 드러나 보이지 않기 때문에 평소에는 잊고 있던 자신의 실상인 셈이다. 안경을 벗고 거울 속을 다시 들여다보면 상이 너무 가까워 어지럽다. 조금 거리를 띄워서 바라보면, 금방 본 것만큼은 늙어 보이지 않는 낯익은 자신의 모습이 되살아 나 보인다.
 처음 노안이 시작되었을 때의 일을 기억한다. 밤늦도록 책을 보고 있는데 갑자기 눈이 침침하게 흐려지며 그때까지 잘 보이던 사전의 작은 글씨가 아물아물하니 잘 보이지 않았다. 책을 전등 가까이 가져가서 간신히 판독은 했으나 아무래도 평소와 같지 않아 책을 이리저리 돌려보다가 눈과의 거리를 조금 띄우니 한결 잘 보이는 것 같았다. 혹시 원시가 시작된 것이 아닌가 하는 의구심이 들어 그 다음 날 안과를 찾아갔다. 아니나 다를까 의사는 내 나이를 몇 번이나 다시 묻고 안압(眼壓)까지 재어 보는 등 여러모로 면밀하게 진찰을 해본 뒤, 본인이 듣기엔 유감스럽겠지만 눈은 개인 차이가 심해서 삼십 대에도 노안이 오는 경우가 있다면서 곧 돋보기안경을 써야 되겠다는 선언을 했다. 서른여덟 나던 해다.

　돋보기를 쓰고 책을 들여다보니 어지럽기도 하고 콧등이 안경 무게로 아프기도 하여 짜증이 났다. 어쩌다 음식상 앞에 안경을 쓰고 앉았다가 김으로 눈앞이 흐려질 때는 늙는다는 것이 무척 불편해지는 것이로구나 하는 생각도 했었다. 그때 정신적으로 받은 충격은 그 뒤 어느 날 내 미리에 흰 머리카락이 보인다고 어떤 눈 밝은 친구 하나가 방정을 떨었을 때보다 훨씬 강한 것이었다.

　그러나 곧 책을 볼 때만 안경을 쓰는 일도 점점 익숙해져 별로 불편을 느끼지 않게 되자 시력의 감퇴라는 자연스러운 변화에 그리 불행을 느끼지 않게 되었다. 그 뒤에 다시 조금 먼 거리까지 잘 안 보이게 되어 그린 위에서 퍼팅을 할 때 공과 그것이 굴러가야 할 선이 어지럽게 보이기 시작했을 때도 별 비애를 느끼지 않고 적당히 체념할 수가 있었다.

　시력이 나쁘다고 본인이 불행하기만 하거니 그 주변에 언짢은 일만 생기는 것은 아니다.

　학업을 엉거주춤 마치고 이곳저곳 직장을 찾아 얼쩡거리고 있을 때였다. 대학교 은사 한 분이 음악회 표 두 장을 주시며 어느 집 규수 한 분과 데이트를 할 기회를 마련해 주셨다. 음악회를 마치고 암묵리에 예정된 코스의 하나인 남산을 올라갔다. 그때 그 규수가 무수한 별들이 반짝이고 있는 하늘을 가리키며 오늘 밤에도 많은 별들이 나와서 아름답게 비치느냐고 물었다. 자기도 그 별들을 빤히 보면서 일부러 나에게 물어보는 그녀의 의도가 복받치는 감흥을 좀 더 극적으로 표현하려는 데 있는 줄 넘겨짚고 오히려 흥이 스러지려는 찰나에, 자기는 지독한 근시라 저 하늘의 별들이나 밑으로 내려다보이는 서울 도심의 불빛도, 하나하나의 윤곽은 전혀 보이지 않고 안개 같은 몇 개의 커다란 빛 덩어리가 흐르고 있는 것으로밖에 보이지 않는다는 말을 했다. 그제야 만날 때부터 꿈꾸는 듯했던 그녀의 시선이 나를 보고 마음이 들뜬 탓이 아니라 천부의 약한 시력과 고운 마음씨를 나타내는 것이었음을 깨닫게 되었다. 태어날 때부터 눈이 좋고 또 그러한 사람들 사이에서만 살아왔기 때문에 그녀의 이야기가 아주 신기했고, 그녀가 평소에 보고 있는 세계가 무척 환상적이고 아름다울 것이라는 생각이 들었다.

뒤에 집사람을 사귈 때의 일이다. 여러 사람이 있는 곳에서 우연히 나를 만나면 좀처럼 알은체를 하지 않고 시치미를 뗐다. 미혼 여성의 당연한 수줍음 때문일 것이라고 짐작은 하면서도 얼마간 섭섭한 생각이 들어 조금 더 친숙해진 뒤 한번 따졌더니, "아직도 모르세요, 제 눈이 얼마나 근시인가를? 여러 사람과 섞여 있을 때는 목소리를 듣지 않고는 긴가 민가 확실치 않아서 주저하기 때문이에요" 했다. 그러고 보니 나 같은 사람을 언제나 그윽한 눈빛으로 바라보며 매번 만나자고 할 때마다 만나 준 까닭을 알 것 같아 우쭐했던 기세가 얼마간 수그러들었지만 그 뒤로는 그녀 앞에 앉으면 태연히 코를 후벼도 될 정도로 마음이 편하고 친숙한 기분이 들었다. 그럭저럭 그녀와 결혼을 하게 된 것도 이 세상 사람들의 시력이 한결같지 못한 덕을 본 셈인데, 결혼을 갓 하고서는 집사람이 걸핏하면 안경을 쓰고 나서는 바람에 방심을 하고 있다가 질겁한 적이 한두 번이 아니다.

그런데 시력이 나빠서 덕을 보는 것은 그 상대만이 아니라는 간단한 사리를 자신도 눈이 나빠져서야 뒤늦게 깨닫게 되었다. 눈이 나쁘면 남의 약점도 눈에 잘 뜨이지 않지만 마찬가지로 자기의 결점 또한 별로 자각하지 않고 지낼 수 있게 된다. 이래서 세상사(世上事)는 대체로 피장파장이기 마련이다.

매일 아침마다 거울을 바라보며 세수를 하고 넥타이를 매면서도 별로 염세적인 마음이 들지 않는 것은 시들어 가는 외양과 함께 시력도 감퇴를 하여 안경 같은 인위적인 도구의 힘을 빌리지 아니하고는 그 변화를 그때 그때 자세히 의식하지 못하고 지나는 데 있는 것 같다. 손가락에 가시가 들어도 그 언저리가 아프기만 하지 가시 자체는 보이지 않는다. 답답해서 안경을 쓰면 가시는 보이지만 아직까지 싱싱할 줄 알았던 손등에 퍼렇게 돋아난 핏줄과 검은 반점들이 시야로 들어온다. 얼른 가시를 뽑고는 안경을 벗어 버린다.

집사람의 얼굴을 지나치게 가까이서 보려면 잘 보이지 않는다. 잘 보이는 거리를 두고 보면 세세한 구석은 보이지 않는다. 집사람이 얼마 전 자기도 드디어 흰 머리가 나기 시작했다고 탄식을 하는 소리를 몇 번 들었지만 아직도 내 눈에는 전혀 보이지 않는다. 그렇다고 돋보기를 대고 들여다보고 싶을 정도로 궁금하거나 심술궂지도 않다. 모든 것이 다 마음 편하게 살아갈 수 있도록 짜인 자연의 조화라고 생각한다.

실상이 그러하지 아니한데 안 보고 지나면 뭐가 낫느냐고 할는지도 모른다. 그러나 그렇지만은 않다. 실상이라고 하지만 그것 자체가 애초에 모호한 개념이다. 어차피 사람의 보는 눈에는 한계가 있다. 현미경을 가지고 사람 얼굴을 보면 보통 사람의 시력으로 보는 것과 전혀 다른 형상으로 보이기 마련이다. 그것도 배율이 크면 클수록 더욱 달라 보일 것이다. 어느 정도로 보이는 것이 그 사람의 참된 얼굴이라고 할 수 있는지, 쉽게 정할 수 있는 일은 아니다.

갈릴레이가 망원경을 개량하여 그 배율을 높임으로써 목성을 위시하여 여러 새 별을 발견하게 되고, 그 결과 천동설을 부인하고 지동설을 지지하는 새로운 천체관을 내놓았다. 그러나 그것은 같은 우주를 두고 어디까지 보고 얼마나 편리하게 설명하느냐의 차이지, 그것에 의하여 우주가 달라진 것은 아니었고, 그의 우주관이 전자망원경 시대인 오늘날까지 그대로 유효한 것은 아니다.

아직도 우주를 어디서 어디까지 어떻게 보아야 할는지 인간은 그 한계와 실상을 모른다. 이런 것을 더 따지고 들려 하면 인식과 실체의 문제라는 인류의 영원한 아포리아에 부딪히고 만다.

시력이 각각인 사람들이 보고 있는 서로 다른 세계도, 그들에게는 아주 자연스럽고 진실한 세계라고 할 수 있다. 그대로 그 속에 안주

하도록 내버려 두는 것이 좋다. 전원교향곡에서, 어쭙잖게 공연히 기를 쓰고 제르트뤼드의 눈을 뜨게 한 목사와 같은 우(愚)는 범하지 말아야 한다.

고봉진: 1971년 ≪세대≫에 수필 「등산」 발표 등단.

원조 해장국밥집

지난 하루의 고단함이 비 젖은 전봇대에 기대 있다. 작은 우산 하나에 얼굴만 집어넣은 덩치 큰 아이들이 뭐가 그리 좋은지 빗물을 튀기는 장난을 하며 우르르 몰려다닌다. 일방통행 길로 잘못 들어선 차의 뒷걸음에 무거운 세상은 저만치 밀려나고, 나는 약속시간이 한참 지나도 오지 않는 한 사내를 기다린다. 서둘러 골목길을 빠져나가지 못한 차바퀴에 달려온 길이 황급히 되감긴다.

얼굴보다 걸음새로 자신을 알아채게 하는 남자. 우산도 없이 골목 끝에서 느릿느릿 걸어온다. 간밤의 느른함을 털고 일어선 사람들이 덜 깬 취기를 다스리기 위해 해장국집의 이른 아침을 두드린다. 먹고 살려고 온종일 일한 뒤 밤늦도록 술 마셔서 속 쓰린 가장을 위해 아내 대신 해장국집 주인이 마른 황태의 몸통을 팍팍 두들겨서 해장국을 끓인다. 인제군 북면 용대리 황태덕장에서 한겨울 모진 추위에 눈도 못 감고 입도 못 다문 채, 얼어 죽은 황태가 여기 와서 또 한 번 죽어나간다.

오래 전에 찾아와 먹었던 속 시원한 해장국집을 다시 찾기가 그리 녹록치 않다. 줄줄이 늘어선 가게마다 모두가 자신이 '원조'라며 앞다투어 간판을 내걸어 놓았기 때문이다. 다닥다닥 붙어 있는 해장국집들의 중간쯤이었으리라. 골목 끝에서 걸어온 그와 눈빛을 맞추고 내가 먼저 가게 문을 밀고 들어간다.

뒤따라 들어온 남자의 눈이 퀭하다. 먼지와 땀에 절어 후줄근해진 점퍼는 그가 부대껴 온 일상을 대신 말해준다. 담배 한 개비를 태워 무는 동안 그는 허공을 몇 번이나 움켜쥐었다 놓는다. 꽁초를 비벼 끈 오른손이 심하게 떨린다. 수전증도 아닐 텐데 혼자서 얼마나 속을 태웠으면 저 모양이 되었을까. 그는 소주 한 병을 시켜 제어되지 않는 손 떨림을 막아보려 황납히 따른 술을 목구멍 속에 떨어 넣는다.

오랫동안 사업을 하면서 겪어온 자금 압박 같은 것은 아마도 이골이 났을 터다. 하지만 철석같이 믿었던 친구에게 배신을 당해 어느 날 갑자기 망망대해에 고독한 섬이 되어 떠있는 그의 심정은 어떤 말로 위로가 될까. 날마다 계속되는 채권자들의 빚 독촉에 아침에 눈뜨는 것이 두려웠을 그의 모습을 보니 정작 내가 하려했던 말들은 목구멍 안으로 쑥 들어가 버리고 만다. 숱한 세월을 함께 겪어온 덕에 이젠 더 이상 감출 것도 드러낼 것도 없을 만큼 서로의 허물을 잘 아는 사이가 된 지금, 그저 침묵만이 그의 마음을 다독일 수 있을 듯하다.

더운 김이 얼굴에 확 끼쳐오는 해장국을 앞에다 두고 나는 아무 말도 건네지 못한다. 울컥대는 가슴속의 말들을 억누르고 급히 삼킨 뜨거운 국물에 입천장이 홀러덩 벗겨져도 내색조차 할 수가 없다. 언젠가 이 집을 바로 찾지 못하고 애먼 곳에 가서 입에 맞지 않는 해장국을 먹었을 때처럼 콩나물이 설익어 비린내가 난다느니, 해장국에 날계란이 들어 있지 않다느니 하는 푸념조차 지금은 늘어놓을 수가 없다. 진정 원하는 것이 무엇인지 그의 속내를 꿰뚫고 있지만 그에게 어떤 도움도 줄 수 없다는 사실에 가슴이 미어질 듯하다. 차라리 이럴 때는 주인장의 손에 길들여져 옹골진 칼칼함으로 낯선 취기를 다스려주는 황태해장국으로 거듭 나서 그의 쓰라리고 아픈 속을 풀어주는 편이 훨씬 낫지 싶다.

온몸의 마디마디마다 시린 빗줄기로 박혀오는 이십 년 노동의 세월. 보이지 않는 유리벽처럼 가장인 그가 부대껴 온 일상은 맨몸으로 오르기 힘든 높고 험난한 산이었을 게다. 그는 지금 지나가버린 시간의 거미줄에 매달려 있다. 또 어두운 미래를 두려워하며 아직 오지도 않은 시간을 가불해 쓰고 있는지도 모른다.

해장국집을 나와 골목길을 나란히 걷는다. 작은 우산으로 함께 비를 피하다보니 우산을 쓰지 않은 것과 다름없는데 비에 젖은 몸이 초라해질 정도로 작아져버린 우리는 안팎이 몹시도 닮아 있었다. 그의 어깻죽지에 떨어지는 빗방울만 툭툭 쳐내어 줄 뿐, 마음속에 감춰둔 말은 끝내 하지 못한다.

골목 끝까지 걸어 나와 꽃가게 앞에서 버스를 기다린다. 일부러 바깥에 내놓은 듯한 수련이 우중에도 하얀 꽃대를 피워 올렸다. 수련 잎에 빗방울이 떨어지는 광경을 무심히 바라본다. 빗물이 고이면 수련 잎은 한동안 물방울의 유동으로 일렁이다가 수정처럼 투명한 물을 미련없이 쏟아버린다. 그 물이 아래 수련 잎에 떨어지면 거기에서 또 일렁이다가 또르르 몸을 말아 물 담긴 그릇으로 다시 떨어낸다. 그 광경을 가만히 지켜보다가 잠시 멈춘 숨을 길게 내쉰다. 수련 잎이 욕심대로 빗방울을 다 받아들였다면 마침내 잎이 찢기거나 줄기가 꺾여버리고 말았을 게다. 하찮게만 여겨졌던 저 연잎도 자신이 감당할 만큼의 무게만을 싣고 있다가 그 이상이 되면 비워버린다는 것을 나는 여태껏 깨닫지 못하고 살아왔다.

어찌 보면 그가 이토록 불안하고 슬픈 이유 또한 자신이 감당하지도 못할 무거운 짐을 혼자 등에 지고 왔기 때문이라는 생각이 든다. 이제 그도 수련 잎처럼 견뎌낼 만큼만 남겨두고, 감당치 못할 인생의 무게는 그만 아래로 내려놓았으면 한다. 모순투성이인 어설픈 삶이지만 간밤의 숙취를 펄펄 끓는 해장국 한 그릇으로 풀어내듯, 꼬여버린 인생의 실타래도 하나씩 풀어나갔으면 싶다.

지난밤의 폭음이 아직도 속을 뒤집는지 그의 표정이 조금 일그러진다. 눈가로 주름이 자글자글 잡힌다. 젊었던 날, 패기에 넘쳐 언제나 자신만만하고 당당했던 그의 모습은 도대체 어디로 잠적해 버린 걸까. 식어버린 가슴이 그나마 뜨거운 해장국 한그릇에 데워지기라도 한 듯 그의 입가에 잠시 쑥스러운 듯한 미소가 번진다. 어쩌면 우리가 그토록 찾아 헤매는 꿈이나 진실, 혹은 정의라는 것은 모두가 '원조식당'이라고 이름 붙인 그 많은 해장국집 간판 중에 과거를 슬쩍 감추고 있는 것은 아닐까. 이름이 바뀌었어도 그 바닥에 아는 사람들은 다 알고 찾아가듯이, 스스로 바른길을 찾아서 들어가야만 만날 수 있는 또 다른 모습의 얼굴인지도 모를 일이다.

심선경: 2002년 ≪수필과 비평≫ 등단.

두통 때문에

내 두통의 역사는 길다. 어릴 때부터 오후에는 늘 미열이 있었다. "야가 와 이래 뜨겁노!" 그런 날을 심심찮게 들으며 지냈다. 고등학교 때, 엄마의 병실에서 밤을 새고 등교하는 날들이 많았다. 그런 날은 두통이 나를 삼킬 듯이 으르렁거렸다. 진통제를 많이 먹었다. '사루빈'이라는 진통제가 있었는데, 두 알씩 하루에 네댓 번씩 먹어댔다.

그때 시작된 두통은 아이를 낳고 키울 때 빈혈과 겹쳐지면서 꼭짓점에 도달했다. 이마를 질끈 매고도 정수리와 턱을 친친 동여매야 했다. 그렇게 횡으로 종으로 묶고 버둥거리다가 침대에 머리를 거꾸로 박은 채 날밤을 새우기도 했으니 밤은 길고도 길었다. 세월이 흐르면서 많이 누그러졌지만 아직도 두통은 나를 지배하고 있다. 두통이 일생을 점령한 것이다. 두통, 그게 뭐 그리 대단한 괴로움은 아니지만 그것이 나를 짓누르고 있다는 걸 통각신경이 계속 알려주고 있다는 게 문제다. 도무지 그것으로부터 자유로워질 수가 없다. 글을 쓰는 지금도 머리가 지끈거리고 눈썹 부위가 무겁고 눈이 뜨겁다.

이것은 고통인가. 물론 그렇다. 극심한가. 때로는 그렇다. 하지만 지금까지 잘 살고 있는 걸 보면 그게 그냥 놔두면 안 되는 중병은 아닌 게다. 그러니까 다른 질환(뇌종양이나 뇌출혈 등)에 의해서 이차적으로 파생되는 심각한 병증이 아니라 일반적으로 말하는 만성두통이라는 얘기다. 최첨단 의료기기로 정밀검사를 해도 가시적인 병소를 잡을 수 없는 단지 증상일 뿐이다. 보통 아침에 진통제 한 개를 먹는 것으로 종일을 버틴다. 진통제를 먹는다고 통증이 소실되는 건 아니지만 견디기는 낫다. 두통을 무시할 때가 많다. 읽기와 쓰기에 애를 먹지만 그렇다고 도대체 없어지지 않는 두통 때문에 내가 계속해서 읽기와 쓰기를 그만두어야 하나.

'명랑'이라는 두통약을 수십 년 복용한 할머니가 계시다. 요즘은 쓰지 않는 약이어서 다른 걸 드리는데 그 '명랑'만 못하다고 늘 불평을 하신다. 평생을 두통과 싸우며 사셨다. 머리가 쪼개지는 것 같다는 그 할머니에 비하면 나는 양호한 편이다. 모진 시집살이와 젊어 한때 바깥으로만 돈 남편 때문이란 게 할머니의 푸념이다. 그 하염없이 늘어지는 개인사를 듣다보면 대낮에도 눈앞에서 별이 다 번쩍거린다.

일생을 두통 속에서 살아가는 것도 숙명이라면 숙명인 게다. 진통제를 상용한다고 나무라면 섭섭하다. 뻔히 알고 있는 두통의 발생기전을 새삼스레 고찰하고 약리작용을 곱씹어 보아도 뾰족한 수가 없다. 그러려니 한다. 두통은 고통이지만 불행은 아닌 것이다. 불편할 뿐이다. 내게 불편한 게 좀 있다고 그게 뭐 어쨌다는 건가. 누구에게나 피할 수 없는 고통은 있는 법이다.

위왕 조조도 평생 편두통에 시달렸다고 한다. 명의 화타가 두개골을 열어서 병소를 꺼내야 한다고, 그 시대에는 전대미문인 진언을 했다가 조조의 진노를 샀다고 한다. 조조의 고통은 내겐 상상이 되지 않고 와 닿지도 않는다. 자신의 두통을 시공을 넘어서 내게 고스란히 전해준 인물은 빈센트 반 고흐다. 정말이지 고흐의 자화상들을 보면 그 표정과 눈빛, 이글거리는 필치에서 그의 두통이 마치 나의 것인 양 지끈거리며 옮아오는 것 같다. 물론 그의 생애에 대한 선입견이 작용했을 수도 있다. 하지만 그에 대한 정보가 전혀 없는, '명랑할머니'에게 고흐의 자화상을 보여드려도 틀림없이 그를 애련히 여기며 이마를 짚어 주시리란 생각이 든다. 두통환자들은 기질적으로 자극이나 손상에 예민하다. 타고난 기질이 민감한 데다 지독한 가난과 절대 고독 속에서 예술혼을 불태우다 마침내 미쳐서 물감을 씹어 먹었던 고흐의 극심한 두통은 짐작되고도 남는다.

오후 3시다. 점심시간부터 쓰고 있는데 두통이 또 글줄을 물고 놓지 않는다. 이럴 땐 쉬어야 한다. 문을 열고 나선다. 건 듯 부는 바람에서 비 냄새가 난다. 건물화단의 향나무 아래 개미들이 소리 없이 그러나 매우 부산하게 움직이고 있다. 개미들을 내려다보고 있노라니 문득 베르나르베르베르의 『개미』가 생각난다. 그토록 조직직이고 지능적인, 페로몬을 쏘아서 소통하며 인간을 공포에 떨게 한 개미들을 생각하니 전율이 온다. 이 개미들도 그런 족속일까? 그 개미들과 그런 작품을 쓴 베르나르의 뇌구조를 생각하니 머릿속에 쥐가 나는 것 같다. 이러니 아플밖에. 순전히 내 탓이다.

  조조와 고흐, 할머니와 나 그리고 세상의 모든 두통환자들을 위로하고 싶다. 지끈거리는 이마를 누르며 살다 간 분들에게는 뒤늦은 경의를 표하고, 지금 머리앓이로 진저리를 치며 살아가는 사람들에게는 동병상련의 정을 보낸다. 별 유용치도 않은 글을 쓰는 오후, 이마에는 미열이 있고 눈두덩이 뜨끈하며, 두피와 그 속에 있는 덩어리가 따로 구르는 듯 흔들린다. 하지만 괜찮다. 두통 따위 때문에 아무 것도 멈추고 싶지 않다. 그 속에서 읽고 쓰고 웃고 울면 되는 것이다.

허창옥: ≪월간에세이≫ 등단.

이남박

고랑 지게 돌려 파낸 주름이 팽팽한 현(絃)처럼 부풀어 있다. 공기 흐름이 어른거리고 있다. 콘솔Console 위에 얹힌, 꺼무숙숙한 이남박에서 이내 몽글림이 새어나온다.

이남박은 안 턱에 여러 골을 가늘게 낸 함박이다. 보리쌀은 도정해도 돌 부스러기나 보리알에 박인 속껍질이 완전히 제거되지 않았다. 쓿어도 등겨가 섞여 있기에 미리 물에 불렸다가 이남박에 넣고 비볐다. 요즘은 보리쌀이 깨끗하게 손질되어 나오기 때문에 헹구기만 하면 되지만, 예전에는 이남박에 문질러 씻어야 했다.

이남박을 보고 있으려니, 보리쌀 대끼듯 그 골진 주름이 줄렁이기 시작한다. 달강이던 음향이 이남박 주름에 깊게 배어들어 기압이 세밀한 변화를 일으키고 있다. 여태껏 바래지지 않고 동심원으로 번지는 세월의 물둘레가 옴쏙하게 팬 골에 들붙어서일까. 마침내 그 잘고 고운 무늬가 가슴속에 엉겨 있던 절절한 내재율을 풀어낸다.

어머니는 물에 불린 보리쌀을 이남박에 담고 대낀다. 북북 문질러 씻어도 뜨물이 여전히 탁하다. 깔깔한 보리쌀은 일어도 황추한 살림을 닮은 듯 속뜨물이 멀개지지 않았다. 다른 바가지와 서너 번 번갈아 가며 이남박 턱에 걸린 처진 돌이나 뉘를 걸러 낸다. 혹여 보리쌀 한 톨이라도 섞여 있을까 봐 조심조심 인다. "쌀을 일 때에 흘리면 유산한다"는 옛말이 있다. 먹을거리가 부족했기에 쌀 한 톨에도 금기(禁忌) 떠돌 만큼 신성하게 여겼던 게다. 어머니는 두 번의 유산으로 미어진 가슴을 허벼내야 했다. 이미 자식 셋을 덧묻은 가슴은 아직 새살이 돋지 않은 터라 더욱 아려 왔다. 유산한 후에도 몸조리도 못한 채, 모자라는 일손을 보고만 있을 수 없어 콩밭으로 달려갔다. 호미 들고 김매고 있으려니, 흘러내린 벌건 하혈이 꺼먼 고무신에 흥건했다는 뼈저린 회고를 더듬는다. 그 사무친 기억은 보리쌀 대낄 때면 걸쭉한 뜨물에 싯멀겋게 떠오르곤 했다.

이남박 턱에 걸린 돌을 어느 정도 가려내면, 대오리로 만든 조리로 부드럽게 건져 낸다. 조리질할 때는 혹여나 복이 새어 나갈까 싶어, 집 안쪽을 향해 리듬 있는 손놀림으로 건져 낸다. 인 보리쌀은 설삶아서 채반에 퍼 담는다. 잘 퍼지지 않기에 이렇게 한 번 삶아 놓아야 했다. 그 삶은 보리쌀이 담긴 채반을 베보자기로 덮어 서까래 밑의 철사로 매단 망얽이에 얹어 둔다. 때가 되면 그 보리쌀에 웁쌀 조금 얹어 솥에 안친다. 안친 쌀이 한소끔 끓어오르고 물이 자작해지면 불을 약하게 한다. 뜸 들 동안에 아궁이의 알불을 휘적거려, 버리지 않고 받아 둔 마지막 뜨물 넣어 찌개를 끓인다. 삼발이에서 찌

갯거리가 끓으면 밥을 푼다. 나무주걱으로 밥 풀 때도 대문 쪽을 향하면 내 푸는 것이기에, 집 안쪽을 향해 들이 푼다. 모든 소소한 과정에서도 복이 집 안으로 들어오기를 바랐던 관습이 깊게 자리하고 있었다.

어렸을 적, 갑자기 열이 끓거나 한기가 들면 어머니는 생콩 세 알을 씹게 하였다. 만약, 맛이 비리지가 않으면 객귀(客鬼)가 들었다면서 이남박에 부엌칼 담그고 푸닥거리를 벌이기 일쑤였다. 방안에 거꾸로 눕히고 칼등으로 드르륵, 장지문이 부서질 만큼 세차게 긁는다. 그런 다음, 칼끝을 입 가까이 대고 순가락으로 물을 세 번 떠먹였다. 퍼런 칼끝을 타고 입속으로 흘러든 물방울은 얼음처럼 차가웠다. 어머니의 헛기침이 이어지고, 부엌칼로 머리카락 베는 시늉을 한다. 칼끝이 머리카락을 섬뜩하게 끌어당긴다. 짧은 머리카락이 몇 올, 떠 있는 이남박에 침을 세 번 뱉어 냈다. 그 이남박에 된장 풀고 밥 한 술 떠 넣어 대문 밖으로 가서 헛세이, 하며 잡귀 내모는 주술을 읊는다. 그리고 부엌칼을 던져 칼끝이 한길 쪽으로 향하면 악귀가 물러가는 것이라 여겼다. 그렇게 물림하고 나면 열이 눈 녹듯 녹아내리는 것 같았다. 또 부뚜막에 정화수 떠 놓고 조왕(竈王)께 무탈하기를 빌었고, 햇곡 밥 지으면 서너 가지 나물과 함께 윗목에 올려 가족 평안을 기청 드리는 것도 거르지 않았다. 복은 불러들이고 잡귀는 몰아내는 어머니의 유다른 치성은 집 안 곳곳에 뿌리 깊게 스며들었다.

이남박 주름을 볼 때면 그때의 아스라한 기억이 풀물 묻어나듯 파랗게 번져 온다. 그러고 보니, 이가 세게 돌려 파낸 이남박 주름이 어머니 이마에 엇비뚜름하게 그어진 주름과 무척이나 닮았다. 이남박에 선 주름은 잡물을 쉽게 골라내기 위해 힘 기울여 파낸 것이지만, 어머니 이마에 깊게 팬 주름은 집안의 온갖 허물을 걸러 내면서 자연스레 그어진 것이리라. 어쩌면 이마에 선 굵게 새겨진 주름살은 연륜이 아닌, 기구한 세월의 애환이 엉겨 퇴적된 구김살이리라.

변화에 남겨지는 것은 진정 시대에 남겨진다고 하지만, 흘러간 시대는 갈급한 그리움으로 다가오고 그 변화는 이렇듯 애틋한 결 너비로 너울대기도 한다. 연주자가 입술과 얼굴 근육의 긴장과 이완을 이용한 힘으로 공기 불어넣듯이, 어머니 이마에 새겨진 주름은 가내(家內), 라는 악기에 화음을 만들기 위해 노심초사한 궤적일 게다. 그 끊임없이 불어넣었을 기음(基音) 때문에 이마에 윗덧줄이 그어진 것이리라. 그 여음은 장지문 바른 한지에 끼워진 은행잎과 댓잎처럼 아련한 가락으로 돋아나기도 하고, 때론 풍지 틈새에 서걱거리는 솔바람처럼 미치도록 부르르 떨며 다가오기도 한다. 당신 이마에 굵게 그어진 윗덧줄에는, 아마 3천 가지 음표를 섞어도 못 빚을 성스러운 울림이 서려 있기 때문은 아닐까.

조용히, 눈을 감는다. 이남박 홈에 돌이나 뉘가 걸러지듯, 혼탁함을 정갈하게 하는 주름은 모든 걸 가라앉히고 또한 걸러 주었다. 그러나 이남박 골진 주름은 닳아서 반지랍기만 한데, 어머니 이마에 새겨진 주름은 더욱 골이 깊어지는 것 같아 안쓰럽다. 그 주름에는 이남박 골진 주름도 걸러내지 못하는 돌 부스러기가 허하게 엉겨 있기에 그토록 울퉁불퉁해 보이는 건 아닐까. 콘솔 위에 얹힌, 이남박 주름에 맥연히 감치는 음원은 바로 애환이 애면글면 녹아 지런지런

되울려나는 사랑의 조음(調音)이라는 생각이 든다. 가족 안위에 시 원스레 펼 날 없었던 주름이 그치지 않고 그 무엇을 가라앉히고 거르는 소리, 그 애잔한 울림이 몽돌 굴리는 파도처럼 여전히, 귓속뼈를 간질이고 있다.

윤남석: 2007년 《동양일보》 신인문학상.

2011년 대한민국장애인문학상 산문부문 대상.

수필가의 변

 시인은 근사하다. 이름부터 근사하다. '시인'이라는 단어를 입속에 넣어보면 꽈리 알처럼 부드럽게 굴려지고 장미 꽃잎 같은 향긋한 향기가 우러나온다.
 시인의 꿈, 시인의 길, 시인의 섬, 시인의 마을, 시인과 촌장, 시인을 찾아서……. 어느 단어와 짝지어도 그럴싸하게 어울린다.
 그러나 수필가는 호칭부터 거칠고 딱딱하다. 수. 필. 가. 하고 불러보면 토막말처럼 소리에 각이 생기고 음절 마디가 뚝뚝 걸리는 게 마치 덜 익은 보리밥을 씹는 듯 입안이 까끌해진다. 짐짓 시인 흉내를 내어보고자 수필가라는 말 뒤에, 수필가의 힘, 수필가의 집, 수필가의 언덕, 수필가의 노래, 수필가의 편지…… 등 꽤 괜찮은 단어를 붙여 봐도 시인만큼 폼 나지가 않는다. 심지어 유행가 가사에도 시인이라는 말은 넘쳐나지만 수필가는 찾아보려야 찾아볼 수가 없다.

그뿐인가. 종합문예지 차례를 훑어봐도 수필은 시의 앞자리에 앉지 못한다. 시, 소설, 수필 순으로 목차가 엮이는 게 관례처럼 되어 있는지라 수필은 항상 책 후반부에서 얌전하다. 그러기에 수필가라면 수필이 한 번쯤 독자들과 먼저 눈맞춤이라도 했으면 하는 욕심이 생기게 마련이다.

나도 그런 허세를 부리고자 시도한 적이 있다. 내가 편집 일을 맡은 동네 문학지에 두어 번 시와 수필 자리를 슬그머니 바꿔놓은 것이다. 책장을 넘기면 수필이 먼저 떡하니 자리를 차지하고 있는 게 여간 신통해 보이지 않았다. 그러나 번번이 편집위원이나 발행인의 눈에 덜미가 잡혀 다시 제자리로 밀려나기 일쑤였다. 그럴 때면 마치 어린 시절에 달리기를 하다가 바통을 놓쳐 등수에 들지 못한 것처럼 억울했다.

수필가는 외양부터 시인에게 수가 뒤진다. 문학 행사장에 들어서도 챙이 넓은 모자에 커다란 코사지로 멋을 부렸거나, 명주 머플러를 두르고 붉은 손톱물을 든 손을 흔드는 문인들은 대부분 시인이란 이름표를 달고 있다. 그들의 웃음은 자신감이 넘치고 낭송하는 목소리도 성우마냥 곱다.

반면에 수필가는 어찌해도 구별이 된다. 검정이나 갈색 또는 회흙색 옷차림을 하고 구두굽 소리를 낮게 내거나, 유행이 지난 목도리를 두르고 투박한 손가방을 든 채 구석 자리를 찾는다면 그 경우는 십중팔구 수필가다. 게다가 서로 생각하는 방향도 나르다. 시인은 꿈을 노래하고 수필가는 현실을 이야기한다. 시인은 꽃 피는 소리를 듣고 수필가는 꽃 지는 자리를 본다. 그래도 시인과 수필가는 문인이어서 서로가 통한다.

시인이라는 이름은 누구에게나 근사한가 보다. 내 가족이나 친척도 예외가 아니다. 일전에 모처럼 만난 친척 언니에게 내 글이 실린 동인지 한 권을 전한 적이 있다. 평소 내가 수필 쓰는 것을 모르던 언니는 활자로 찍힌 내 글의 내용보다는 단단한 약력을 가진 동인들과 나란히 내 사진이 책장 속에 있다는 사실이 더 신기했던 모양이다.

그 후 언니는 나를 다른 사람들에게 소개할 때마다 "우리 시인 동생이, 우리 시인 동생이……."라고 서두를 꺼낸다. 내 의지와는 상관없이 '부산 동생'에서 '시인 동생'으로 격상된 것이다. 나는 화들짝 놀라서 "수. 필. 가, 수. 필. 가." 하며 귀엣말로 언니의 허리를 찔러 댔지만 언니는 그때마다 모른 척했다.

"시인이 발음하기 더 좋구마."

이 말이 언니의 변명이니 더는 정정을 포기할 수밖에.

고인이 된 박완서는 "시인의 꿈은 가슴이 울렁거리는 사람과 만나는 거다"라고 했다. 그렇다면 수필가의 꿈은 무엇일까. 흩어진 꿈 조각들을 모아 가슴 울렁이는 한 편의 글을 엮는 것은 아닐는지.

그러기에 나는 진정으로 수필가를 사랑한다. '수생수사(隨生隨死)'를 외치며 외길을 걷는 어느 선생님을 끔찍이 존경하고, 수십 권의 수필 이론서를 저술한 노(老)선생님을 경배하며, 낮고 작고 보잘 것없는 것에 눈길을 주어야 한다는 나의 수필 스승에게도 고개 숙인다.

그러나 무엇보다 한 편의 글을 쓰기 위해 장소와 계절을 가리지 않고 발품과 손품을 파는 무명의 수필가에게 가장 큰 박수를 보내고 싶다. 수필가라는 이름이 발음하기에 좋지 않더라도 수필을 향해 백두옹처럼 허리 낮추는 일만큼 멋진 일이 또 어디 있으랴.

김정화: 2006년 《수필과비평》 등단.

해인(海印)의 달

한 여자가 울고 있었다. 냉기가 뼛골까지 스며드는 대웅전 바닥에 엎드려 여자는 어깨를 들썩거리며 울고 있었다. 무슨 사연일까. 속세의 근심이 얼마나 깊었으면 눈 오는 이 겨울 날, 차가운 바닥에 얼굴을 대고 저리도 울고 있을까?

남한산성 입구에 자리 잡은 이 절은 평소 사람의 왕래가 많은 데도 불구하고 오늘따라 적막강산이다. 바람이 불 때마다 풍경소리만 청명하다. 선방 앞에 나란히 놓인 흰 고무신만이 스님의 고행을 말해준다. 스님은 이 적막한 아침에 무슨 화두를 안고 고뇌하고 있을까. 저 중생의 아픔을 아시는가.

지난겨울 눈이 많이 왔다. 하루 건너 한 번씩 내렸다. 도로가 끊어지고 시골 비닐하우스가 무너졌다. 영동산간은 고립되었고 산짐승들의 먹이를 헬리콥터로 공급해 주어야 했다. 창밖으로 내리는 눈을 바라본다. 그렇게 눈이 퍼붓는 데도 불구하고 내 전화는 지금 일주일째 울리지 않는다. 눈 오는 날, 보고 싶은 사람이 없고 만나고 싶은 사람이 없으면 그는 아주 강한 사람이거나 냉정한 사람일 것이다. 눈 오는 날 전화 한통도 없다면 그는 늙은 사람이거나 잊혀진 사람일 것이다. 그렇지 않으면 평생을 사랑다운 사랑을 한 번도 해 본일이 없는 삭막한 사람일 것이다. 이렇게 눈이 많이 내리는 날은 누구를 사랑한 일도, 누구와 헤어져 본 일도 없이 오로지 아내와 자식만을 위해 살아온 사람일지라도 뒷짐을 지고 공연히 거실을 어슬렁거리며 소심하고 멋대가리 없이 살아온 자신의 삶을 한 번 정도는 되새김해 보리라.

지난겨울 나는 밤마다 잠을 설쳤다. 2시간 간격으로 깼다. 한밤중 멍히니 TV 앞에 앉아 있다가 다시 잠들곤 했다. 그때마다 어지러운 꿈이 나의 잠을 불편하게 했다. 소리도 없이 떨어지는 눈송이선만 잠결에는 어찌 그리 크게 들리는가. 사각사각 끊임없이 내리는 눈소리를 들으면서 중얼거린다. 아! 많이도 오는구나. 반쯤 가사상태에서 겨울밤을 보냈다.

눈 덮인 산이 보고 싶었다. 평소에는 그렇게 많던 등산객들도 오늘은 보이지 않았다. 나는 사무실을 나섰다. 몇 발자국만 걸으면 바로 남한산성 입구다. 부처님께 합장인사나 드릴 양으로 들렸다가 한 어자의 깊은 슬픔을 보았다. 내 안에 삭아 내리는, 내 뼈와 살이 녹아내리는 슬픔이 아니건만 우울했다. 슬픔이 옮겨온다. 고뇌 없는 살이[生]는 없는 걸까. 이 중생들의 고뇌를 해결해 주려 부처님은 집을 나와 숱한 고행을 했건만 수천 년이 지나도 중생들은 오늘도 이렇게 당신에게 빌고 있다. 부처여! 내 안의 고뇌를, 저 절절한 중생의 슬픔을 당신의 자비로서 다스려 주소서.

절을 나왔다. 나무들은 잔뜩 눈을 이고 서있고 눈에 덮여 어느 곳이 길인지가 분간이 되지 않았고 무릎까지 파묻혔다. 어디서 우두둑 우듬지 부러지는 소리가 났고 이어 우수수 눈 쏟아지는 소리가 들렸다. 까치가 화답을 한다. 그때마다 산이 한 번씩 몸부림친다. 나무를 올려다본다. 여항(閭巷)에서 일희일비하며 사는 내가 저 꼿꼿하고 의연하게 서 있는 나무를 닮을 수는 없겠지만 오늘따라 저 겨울나무가 위대해 보인다.

젊었을 때는 꽃이 참 아름답다고 생각했다. 그러다 나이가 들면서 우렁우렁 가지를 하늘로 키워내는 나뭇잎들이 그렇게 눈부셔 보였다. 초록의 찬란함도 내게는 위안이었다. 그런데 무거운 그 모든 것들을 다 떨어내고 묵묵히 눈을 맞으며 서 있는 저 겨울나무의 인내가 눈물겹다. 잊어버리라고, 그리고 빈 몸으로 가뿐하게 추운 겨울을 맞는 것도 귀로(歸路)의 아름다움이라고 가르친다.

그래서 겨울나무는 해탈이다. 대웅전 바닥에 엎드려 울던 그 여자의 슬픔도, 늘 내 앞 서너 발자국 정도 앞서 가는 내 안의 욕망도, 그 모든 것을 떨쳐내고 비워내는 것이야말로 아름다움이라고 나무는 말한다.

결국은 하나일 것이다. 하늘의 달은 둥근데 바다의 비친 달은 일그러져 보인다. 어느 것이 본질인가. 그래 잊자. 한 생각만 놓아버리면 온 바다의 파도가 다 조용해진다. 전생의 업(業)을 타고 날지라도 이승에서도 반드시 치러야할 업이 있고 그것을 다 하지 못한다면 아무리 죽으려 해도 죽지 못할 것이다. 업을 다 했기에 이승을 홀가분하게 떠나는 것이리라. 눈이 온다고 떠나버린 옛사랑을 다시 추억하는 것도 부질없는 짓일 것이다. 같은 둥지에서 자던 새들도(衆鳥同枝宿) 날 밝으면 각자 날아가거늘(天明各自飛) 우리들 인생, 또한 그와 같지 않는가(人生亦如此). 무엇 때문에 옷깃 적시며 눈물 흘리는가?(何必淚霑衣)* 차가운 바닥에 엎드려 울던 중생이여! 하늘의 달을 보고, 눈 오면 잠 못 이루는 그대들이여, 날아가는 새들을 보아라. 그리고 벌거벗고 서 있는 저 겨울나무들을 보아라.

그 날 나는 아주 깊은 잠을 오래오래 잤다.

*이수광(李睟光)의 『지봉유설(芝峰類說)』에서 인용

장기오: KBS大PD, ≪현대수필≫로 등단.

목탁새가 둥지를 튼 까닭은

목탁 속에 16년째 둥지를 틀고 사는 새가 있다고 해서 찾아나섰다. 은평구 끝자락에 자리한 수국사란 절에 살고 있는데, 이곳은 세조가 일찍 죽은 큰아들 덕종의 왕생을 위해 지은 원찰이다. 절의 대웅전이 황금으로 개금되어 마치 일본의 금각사를 연상시킨다. 목탁새는 절 한켠의 추녀 끝에 달아놓은 대형 목탁 속에 살고 있었다. '84년 이후 새 한 쌍이 날아들더니, 매년 초여름이면 어김없이 찾아와 대여섯 마리의 새끼를 낳는다는 것이다.

사실 호기심이 동해 찾아오긴 했지만 목탁 속에서 지저귀는 새를 보며 내심 궁금했다. 하필이면 자연 속의 많은 둥지를 다 놔두고, 겨우 제 몸이나 들고날 수 있는 목탁 속이라니……. 절에서는 행운을 가져다주는 길조라 해서 사람들에게 사랑을 받는다고 한다. 그러나 사방이 꽉 막히고 오로지 작은 구멍 하나만이 하늘을 향해 있는 둥

지란 것이 과연 곁에서 보는 것만큼 행복할까 하는 생각이 든다.

　새가 우리에게 주는 이미지는 자유다. 날개를 달고서 아무 거리낌 없이 천지자연을 자유롭게 날아다니기에, 인간에겐 영원히 자유에 대한 갈망의 대상으로 여겨진다. 요즘에야 자연 환경이 많이 파괴되어 아파트 근처고 어디고 가리지 않는 일이 허다하다지만, 그래도 역시 새의 보금자리는 저 자연 속의 나뭇가지 끝이나 숲 속의 한구석이 제격일 것이다.

　그러나 어찌 보면 이것 역시 인간의 잣대인지 모른다. 우리가 새가 되어 보지 않은 다음에야 새의 마음을 어찌 알 수 있으랴. 사람들이 남의 이야기나 삶에 대해 너무 쉽게 평가를 내리고 비난을 할 때마다 느끼는 생각이다. 내가 그가 아니고 그가 내가 아닌 다음에야, 아무리 설명해도 알 수 없는 것이다. 그러기에 날이 갈수록 남이 살아온 삶에 대해 조금씩 더 겸손하게 되고, 남이 이루어 놓은 작은 일이라도 그 과정의 노고와 수고를 높이 평가하게 된다. 세상살이 어느 것 하나 도무지 쉬운 게 없다는 걸 요즘 들어 자꾸 느끼게 돼서이다.

　혹시 새들은 목탁 속의 좁은 세상을 자연의 하나로 여겨 아늑함을 느꼈을 수도 있다. 그러기에 16년 간을 계속해서 거기에다 자기들의 보금자리를 틀었을 것이다. 그들에겐 자연의 거친 바람보다는 목탁 속의 평온함이 더 좋았던 모양이다.

　『조나단 리빙스턴 시걸』을 읽었을 때, 나는 저자의 의도와 창작 의지를 충분히 인정하면서도 쉽게 받아들여지지 않는 점이 있었다. 조나단이 하늘 저 멀리까지 비상하는 모습—지상 위에서가 아니라 무한한 창공 속을 자유롭게 나는 갈매기의 꿈이 위대해 보이기는 했지만, 한편으로는 뭐 굳이 그렇게까지 힘들게 사나 하는 생각이 들었다. 혼자서 비상하면서 얻는 자유도 좋지만, 지상에서 여러 마리의 친구나 가족들과 함께 사는 모습이 나에겐 더 행복하게 보였다. 조나단의 비상이 내겐 '너보다는 나의 삶이 확실히 높아······' 라고 부르짖으며, 너무 당당하게 군림하는 우월자의 모습처럼 여겨졌다. 역사를 이끌어 가는 것은 몇 명의 창조적 소수자라고 하는 이론에 상당한 알레르기를 가지고 있던 나로서는 그런 삶의 모습이 왠지 부담스럽게 느껴진다.

만약 지금 나보고 두 가지의 삶 중에서 굳이 한 가지를 택하라고 한다면, 난 분명히 지상 위의 행복을 택할 것 같다. 작가가 말하고자 하는 정신세계를 몰라서도, 그 의미의 소중함을 소홀히 해서는 결코 아니다. 그저 좀 덜 위대하고 덜 알면 어떠랴 싶은 생각이 더해서이다. 어쨌든 참으로 행복할 수만 있다면 그만이지 않겠냐는 생각이다. 점점 더 높아지고 더 나은 삶을 살아야만 한다는 강박관념에 시달리는 것이 피곤하게 여겨진다. 요즘 들어선 작고 소박한 즐거움들을 느끼며 살고 싶어진다. 아마 난 원래부터 위대한 무리에는 들지 못하는 종족으로 태어난 모양이다.

새들을 보고 있자니, 저렇게 목탁 속에 둥지를 튼 데는 분명 무슨 의미가 있을 것만 같다. 자기들의 삶의 모습을 통해 인간들에게 무엇을 알리고 싶었을까······, 하고 생각을 거듭하면서 궁금증을 풀어 보려고 애를 썼다. 그러다 나란 인간이 참 못 말리는 족속이구나 하는 생각에 웃음이 비어져 나온다.

원래 목탁이란 절에서 쓰는 불구(佛具)의 하나로, 입에는 여의주를 물고 용머리에 물고기의 몸을 취한 '목어'가 시대가 흐르면서 차츰 모양이 변하여 지금의 모습으로 되었다고 한다. 이것에는 물고기가 잠을 잘 때도 눈을 뜨고 자듯이, 수행에 임하는 수도자들도 잠을 줄이고 부지런히 수행하라는 것과 물 밑 세계에 사는 모든 중생들을 제도하기 위한 상징적 의미가 들어있다.

그리고 보면 굳이 새가 와서 목탁 속에 사는 의미도 헤아려질 것 같다. 세상이 점점 혼란해지고 사방 천지에 욕망과 유혹은 가득하며, 삶의 가치관을 쉽게 잃어버리는 시대이기에, 목탁새는 조용히 날아와 둥지를 틀면서 인간들에게 경종을 울리는 것처럼 생각된다. 언제나 마음의 경계를 허물지 말고 눈을 바로 뜨고 치열하게 살아가라는……, 눈을 한번 질끈 감으면 모든 것이 편해질 수 있는 세상살이에서도 눈을 크게 뜨고 정신을 가다듬으라는 암시 같다.

치열과 안주. 어찌해야 할까 싶다. 내 마음은 좀 더 느리고 단순해지고 싶은데, 주위의 생활은 나를 점점 더 저 위의 세계로 밀어 올린다. 피곤함이 한꺼번에 밀려오는 느낌이다.

목탁새가 작은 구멍으로 고개를 내밀고 지저귄다. 구경 온 사람들은 신기하다며 쳐다본다. 비바람에 색이 바랜 나무 목탁 속에서 새는 여전히 그 조그만 입으로 지절댄다. 그래. 오늘 여기에 온 사람들은 모두들 자기 나름대로의 해석으로 그 목탁새의 존재를 가슴에 품고 돌아갈 것이다. 자연은 그대로이지만 사람들이 사계절의 의미를 붙여 묘사하듯이 말이다.

오늘 밤 이것을 화두로 삼아 긴긴 밤을 지새워 보는 것도 좋을 것 같다. 목탁새가 둥지를 튼 까닭은…….

이경은: 라디오 방송작가. 수필가. 1998년 《계간수필》로 등단. 율목문학상 수상.

회전문(回轉門)

 거리에 나가보면 모든 사람들이 바삐 움직이고 있다. 조금이라도 더 빨리 가기 위해 걸어도 될 거리를 자동차를 타고 가고, 계단을 두고도 에스컬레이터를 이용한다.
 무엇을 위하여 그렇게 바쁘게 서두르는지……
 나는 워낙 상황에 대한 판단이 느리고 운동신경이 둔하다보니 빠르게 움직이는 기계종류는 모두 경계하는 대상이 되고 말았다. 그래서 현대여성의 필수조건이라고 하는 운전면허를 몇 년 전에 따놓고도 아직 운전할 엄두를 못 내고 있다. 내 손으로 자동차를 움직여 저 줄지어 달리는 기계의 대열에 끼일 것을 생각하면 진땀이 절로 나기 때문이다.
 또한 백화점에 설치되어 있는 에스컬레이터를 탈 때에도 언제나 조심스럽고 두려운 마음이다. 마음속으로 '하나, 둘, 셋'을 세면서

발 놓을 자리를 눈여겨보았다가 단숨에 발을 딛고 올라서면 그때에서야 안도의 한숨이 나온다. 그 톱니바퀴 같은 계단들 틈새로 발이 빠져들지 않은 행운을 무한히 감사하게 되는 것이다.

어쩌다가 양손에 쇼핑백이라도 들고 하행(下行) 에스컬레이터를 탈 때에는 정말 난감하다. 잘못 발을 내딛다가는 당장 아래로 곤두박질쳐버릴 것만 같아 온몸의 신경이 발끝에만 가 있게 된다.

다이빙대 끝에 선 수영선수의 심정이 이러할까? 아랫배에 힘을 단단히 주고 오른발 왼발을 차례대로 재빠르게 계단으로 내려디디고 나면 일단은 성공한 셈이라 마음을 놓는다. 중심을 못 잡아 몸이 잠깐 기우뚱해도 속으로는 쾌재를 부르는 것이다.

그러나 그 무엇보다 나를 곤란하게 하는 것은 요즈음 대부분의 빌딩 입구에 설치된 회전 유리문 앞에서이다. 옆에 보통 출입문을 두고도 왜 굳이 빙글빙글 돌아가는 회전문이 있어야 하는지 나는 도무지 알 수가 없다. 혹시, 드나드는 어린아이들을 즐겁게 해주기 위해서라면 수긍이 가겠지만······

어쩌다가 큰 건물에 들어갈 때, 나는 회전문 앞에서 항상 긴장을 느낀다.

마치 어릴 때 친구들과 줄넘기 놀이를 하면서 그 회전하는 반원 속에 뛰어들 때처럼. 어린시절 그 정확한 투신(投身)을 위해서 얼마나 많은 망설임과 결단을 반복했던가? 때로는 비장한 각오 끝에 두 눈을 꼭 감은 채 뛰어들곤 하지 않았던가? 실패하지 않기 위해서는 무엇보다 호흡을 가다듬고 단숨에 들어서야 한다.

그건 상당한 민첩함을 요구했다. 회전문 앞에서도 그건 마찬가지이다. 나의 몸을 용납하는 공간이 미처 내 앞에 오기 전에 미리 그곳을 향하여 전진해야 하는 데 어려움이 있는 것이다.

회전문에 일단 들어서면 자신의 의지와는 관계없이 문의 속도에 발걸음을 맞추게 되어 있다. 직립인간으로서 두 팔을 흔들며 유유히 걷는 자유를 잠시 동안이나마 유보하지 않을 수 없는 것이다. 마치 무성(無聲) 영화시대의 찰리 채플린처럼, 또는 기모노를 입은 일본 여성처럼 발걸음을 짧게 놓아야 무사히 회전문을 빠져나올 수 있다. 따라서 군자다운 체면과 요조숙녀로서의 품위를 지키기에 회전문은 합당치가 않은 것이다.

가령 어느 빌딩 입구에서 수십 년 만에 옛날 애인들이 우연히 마주쳤다고 하자. 그러나 회전문 안에서는 말 한마디 나누지 못하고 반대 방향으로 돌면서 헤어져야 한다. 극적인 해후(邂逅)가 이루어질 수도 있는 순간에, 유리문으로 쓸쓸한 일별(一瞥)만 나누면서……

그러나 회전문을 통과할 때 영화에서 보는 것처럼 도망치는 범인과 뒤쫓는 형사가 돌고 도는 장면보다 더 실감나는 때는 없을 것이다. 그것이 코미디 영화이건 007식 첩보물이건……

아무래도 회전문이 자리해야 할 곳은 고층건물의 입구가 아니라 연극이나 쇼의 무대 위가 아닌가 싶다. 회전문이야말로 마술사의 소도구로도 쓰임직하지 않은가! 들어갈 때에는 젊은 아가씨가 들어가시 나올 때에는 허리 굽은 할머니가 되어 나온다든지, 호랑이가 들어가서 나올 때에는 고양이가 되어 있다든지 말이다.

때로는 나 같은 사람으로 인해 회전문 앞에 사람들이 말리기도 하는데, 여러 사람에게 서로 양보하고 나중에 들어가겠다고 사양하는 것은 미덕이 못된다. 마음의 준비가 된 사람부터 한 사람이라도 먼저 회전문을 통과하는 게 현명한 일이다. 장유유서(長幼有序)의 아름다운 질서를 잠깐 잊어야만 하는 것도 회전문 앞에서이다.

살아가면서 나에게 부딪쳐오는 일들 앞에서도 회전문 앞에서처럼 망설이고 뒤로 미룰 때가 많다. '이번에는 꼭' 하면서도 유리문이 몇 개나 빙빙 돌며 지나가기를 기다린다. 정작 들어서고 보면 벌써 몇 바퀴 돌고 난 뒤가 된다. '아차' 했을 때에는 항상 한 발이 늦어 있음을 발견한다.

모든 일이 너무 정신없이 빨리 돌아간다. 때로는 살아간다는 것이, 정지하고 싶어도 어쩔 수 없이 빙글빙글 도는 유리문 안에서처럼 현기증과 당혹감을 줄 때도 많다. 그러다가 언젠가는 회전문에 떼밀리듯이 이 세상에서 밀려나버릴 때가 오지 않겠는가? 자동차를 타고, 에스컬레이터를 타고, 그렇게 바쁘게 서두르지 않아도 그때는 어김없이 찾아오리라.

회전문 앞에 설 때, 나는 이 세상에서 내가 차지하고 있는 공간에 대한 불확실성을 첨예하게 느끼곤 한다.

염정임: 1986년 ≪수필공원≫, 1987년 ≪현대문학≫으로 등단.

도시의 비둘기

우리 집 현관을 나서서 전철역까지는 내 걸음으로 10분 거리다. 아파트 단지 내 공원에 난 사잇길로 걸어가노라면, 후드드드득 비둘기들의 날갯짓이 요란할 때가 많다. 잔디에 나붓이 앉아 있는 놈, 구구거리며 이리저리 먹이를 찾아 폴싹거리는 놈, 휙 위로 솟구치다가 내 머리 위에서 곤두박질하며 내리꽂히는 놈 등 고것들의 어지러운 움직임이 내 눈길을 바쁘게 한다.

아이보리색 투피스를 정갈하게 차려 입고 나선 어느 날, 비둘기들의 숫자가 유난히 많고 그 거동도 야단스럽고 재빠른 것이, 아마도 잔디밭에서 벌어진 아이들의 재롱잔치로 먹을거리가 많았던 모양이었다. 돌연히 생뚱맞은 생각이 스쳐 지나갔다.

'하필 어떤 놈이 내 머리 위에서 똥을 내갈겨 이 새 옷에 떨어진다면? 되돌아가 갈아입고 나와야 하나 그냥 가서 애깃거리로 삼아야

하나.'

고것들이 머리 위에서 워낙 북새를 놓기는 했어도 기분 좋은 외출에 어찌 그리 빙충맞은 상상을 했는지 모르겠다. 근래 비둘기의 오물이 큰 환경문제가 되고 있다는 것을 알고 있으나 이곳에서 오래 살아오는 동안 그런 일은 단 한 번도 없었는데 말이다. 그 후론 제법 차려 입고 나가는 길에 비둘기 떼를 만나면 저절로 그 생각이 떠올라 실소하게 되고, 형제들이 붙여준 '사서 걱정하는 여자'란 내 별호(別號)를 인정하지 않을 수 없다.

비둘기. 무엇이든 잘 먹는 잡식성에 환경적응력이 뛰어난 새. 귀소본능과 비행능력이 탁월한 데다 성질까지 온순하고 길들이기 쉬워 B.C. 4,000년경부터 중근동에서 전서구(傳書鳩)로 사육되기도 했던 새. 평화의 상징으로 뚜렷이 각인된 새.

60년대에 나왔던 이석의 노래 〈비둘기 집〉은 숲 속 새집 같은 조출한 오두막에서 오순도순 서로 보듬고 살아가는 다정한 연인의 모습을 떠오르게 하며 크게 히트했다.

뿐인가. "성북동 산에 번지가 새로 생기면서 본래 살던 성북동 비둘기만이 번지가 없어졌다"로 시작되는 김광섭의 시 「성북동 비둘기」는 급격한 산업화 도시화로 비둘기들의 서식처가 줄어드는 것을 안타까워하고 있다. 물론 그 비둘기는 단순히 비둘기만을 지칭한 것이 아니라 더 이상의 것을 형상화하고 있을 테지만.

강물 같은 세월이 변화시키지 않은 것은 없나보다.

텃새의 대명사인 참새나 철새의 대표 제비 같은 새들이 자취를 감춰가는 이즈음, '비둘기와의 전쟁'이라는 말이 나올 정도로 도시의 비둘기들이 증가하고 있다. 시청이나 고궁의 지붕들이 비둘기 오물로 인하여 부식되어 간다는 이야기가 심심찮게 나오더니 이제는 아주 심각한 수준에 이르렀다고 한다.

왜 이렇게 비둘기가 많아지는 걸까.

우선 생체리듬이 깨졌다는 게 중요한 이유다. 원래 번식기와 비번식기가 따로 있었는데 환경호르몬, 오염물질, 중금속 등으로 그 구분이 없이 연중 번식하게 되었고, 도시의 온갖 음식물쓰레기와 생각 없이 재미로 던져주는 모이로 먹을 것이 지나치게 풍부해졌다. 더구나 자연생태계의 먹이 피라미드처럼 천적이 있어서 자연스럽게 개체 수를 조절해주지 못하는 데다 오히려 교각 등 콘크리트 구조물이 많아 깃들기가 쉬워졌다. 그러니 그 수가 절로 늘 수밖에.

어린 시절 멀리 이사간 친구나 선생님을 그리워하며 날렵하고 재빠른 비둘기에게 실어 보냈던 그 해맑은 기원(祈願)들. 아스라한 창공으로 멋지게 비상하던 모습을 고개를 뒤로 젖히고 바라보며 날리던 희망과 꿈. 온동네 잔치였던 초등학교 운동회 날, 점심 후의 나른함에 양쪽의 승부욕이 어지간히 느슨해진 무렵 와! 하는 함성과 함께 청 백 머리띠를 두른 꼬마선수들이 와르르 쏟아져나가 장대 위의 청백색 커다란 종이 공을 콩주머니로 던져 맞치던 경기. 마침내 공이 터지고, 그 속에서 튀어 오른 하얀 비둘기 몇 마리가 펄럭이는 만국기 위를 두어 번 선회하다가 힘차게 날개를 펄럭이며 푸른 하늘로 솟구칠 때 운동장이 떠나가도록 울려 퍼지던 환호와 함성.

비둘기는 그런 추억 속에서 아직도 선명한데, 우리 공원의 비둘기는 이제 그 시절의 비둘기가 아니다. 날씬하지도 않고 날렵하지도 않다. 뒤뚱거리는 비대한 몸집에 뒤룩거리는 목덜미로 먹이만 좇을 뿐 아니라, 창공으로 재빠르고 사뿐하게 비상할 줄도 모른다. 날개도 퇴화되어 날갯짓만 요란할 뿐 겨우 나뭇가지로 뛰어오르고 내리는 정도의 한정된 범위에서 제딴에만 부산할 따름이다. 오죽하면 그 사랑스럽고 귀하던 새가 내 옷에 오물을 떨어뜨릴지도 모른다고 속되게 걱정했을까.

통신수단이 첨단을 달리고 있는 지금도 세계 곳곳에서 비둘기레이스가 열리고 있단다. 우리나라에도 본래의 속성을 그대로 갖춘 비둘기는 물론 있고, 더 멀리, 더 빨리 날 수 있도록 얼마든지 길들일 수도 있을 것이다. 하지만 평화의 대명사로 소식의 전령사로 비행속도가 제일 빠른 새로 귀하게 대접받던 비둘기를 도시에선 더 이상 찾아볼 수 없다. 더하여 파아란 가을 하늘에 깨끗한 한 개의 점으로 사라져가던 흰 비둘기는 자취를 감추고, 도시의 공해를 상징하듯 거의가 잿빛 비둘기 세상이다.

비상할 줄 모르는 살찌고 게으른 도시의 잿빛 비둘기, 어쩌면 수많은 내 자화상 중의 하나일지도…….

이정희: 2003년 ≪한국수필≫로 등단.

제5부 밥그릇이라는 화두

장사는 아무나 하나

오늘 고구마 여섯 상자를 캤다. 작년까지만 해도 고구마는 베란다에 보관해두었다 이듬해 봄까지 요긴하게 먹었는데, 금년에는 사정이 달라졌다. 미국 간 딸네가 모든 세간을 우리 아파트에 갖다 놓아 고구마까지 들여놓는다면 집이 너무 복잡해진다. 그래서 금년에는 아침나절에 고구마를 캐면 오후에 내다 팔아야 되겠다고 마음먹었다.

생전 장사라곤 해본 적 없지만 남보다 싸게 팔면 되지 않겠는가. 10킬로짜리 박스를 만들어 2만 원씩 받기로 했다. 아내는 마트의 반값밖에 안 되는 이 가격이면 도둑놈 뒷전에 가도 팔릴 거라 장담했다. 마을입구 사거리에 전을 벌리려 나갔다. 고구마 상자를 실어다 준 아내는, 친구네 결혼식에 간다며 일찌감치 달아나버렸다. 까짓 고구마 여섯 상자를 두 사람이나 붙잡고 있을 필요가 없기도 했다.

하지만 그 일이 그렇게 녹록치 않음을 곧 알게 되었다. 한 시간이 지나도록 거들떠보는 사람이 없었다. 그때 작은 트럭 한 대가 우리 고구마 상자 앞에 정차했다. 기사가 내리더니 한 박스에 얼마냐고 물었다. 2만 원이라고 하자, 대뜸 1만 팔천 원에 팔라고 했다. 마수걸이라 그렇게 팔고도 싶었지만 손님의 반응도 알아볼 겸 일단 안 된다고 응수했다. 어깨가 벌어지고 당차게 생긴 그는 막무가내로 잘라 말했다.

"나도 장사꾼인데 그걸 다 주고 사겠어요?"

내가 대답할 틈도 주지 않고 돈부터 건네주는 게 아닌가. 그야말로 일방적이었다. 그는 홍시 박스를 싣고 온 감장수였다. 내게 산 고구마 상자를 운전석에 던져놓은 그는, 트럭을 그 자리에 세워둔 채 홍시를 팔기 시작했다. 차에 가려진 우리 고구마는 안중에도 없는지, 미안하다는 말은커녕, 일언반구의 변명도 없었다. 낌새를 보아하니 그 자리는 감장수의 단골자리인 모양이었다.

고구마 한 상자를 팔아준 의도가 순전히 자리를 뺏기 위한 수순이었다고 생각하니 괘씸했다. 하지만 싸워봐야 힘으로나 말로나 당할 재주가 없을 것 같았다. 순순히 자리를 내놓고 옆자리로 가 다시 전을 벌리는 수밖에 없었다.

그 자리가 명당이라도 되는지 감장수에게만 사람이 북적거렸다. 홍시는 봉지로 팔기도 했으나, 박스째 사가는 사람이 더 많았다. 미리 주문이라도 한 사람들처럼 떼거리로 몰려와 사가기도 했다. 홍시 박스가 순식간에 줄어드는데 우리 고구마 주변엔 기웃거리는 사람조차 없었다. 정말 자리 탓인가.

두어 시간이 지난 뒤에야 내게도 한 아주머니가 다가왔다. 그녀는 고구마 박스 아래위를 완전히 뒤집어가며 '이건 왜 이렇게 못생겼느냐? 호박고구마 속에 웬 밤고구마가 섞여 있느냐?' 트집을 잡았다. 값을 깎으려고 그런다싶어 여차하면 가격을 깎아 줘야지 생각하고 있는데 차를 가지고 오겠다며 일어섰다. 그녀가 박스 하나를 골라놓고 조금 뒤에 오겠다고 하니 그렇게 고마울 수 없었다.

 그 사이 날이 어둑어둑해졌다. 아파트에서 몰려나온 아주머니 네댓 명이 고구마박스를 둘러쌌다. 이제부터 정말 팔리는가 싶었다. 하지만 그 중 한 아주머니가 '밤에 파는 물건은 문제가 있다, 오죽하면 어두운 곳에서 팔겠느냐' 하며 시쳇말로 초를 치는 바람에 다른 여인네들마저 슬금슬금 자리를 뜨고 말았다. 차를 가지고 오겠다던 아주머니도 감감 무소식이었다.

 내가 그렇게 시간만 때우는 동안 감장수는 감을 다 팔았는지 빈 박스를 트럭에 쌓기 시작했다. 트럭 위에서 나를 물끄러미 내려다보던 감장수는 안 됐다는 표정으로 차에서 내려오더니 팔다 남은 거라며 홍시 다섯 개를 건네주고는 시동을 요란하게 걸었다.

 홍시는 모두 꼭지가 빠져 있었다. 꼭지 빠진 감을 보니 끝내 녀석이 나를 물렁하게 보는구나싶어 옆으로 밀쳐 두었다.

 시간이 갈수록 배가 고파오기 시작했다. 아침 일찍부터 고구마 캐느라 아침밥도 건성으로 먹고 나선 데다, 점심까지 못 먹었으니 그릴 만도 했다. 어니 가서 뭘 솜 먹고 싶어도 차를 가지고 오겠다던 그 아주머니를 행여 놓칠세라 자리를 뜰 수 없었다.

 먹어야 양반이라고 했던가. 꼭지 빠진 감이라도 먹기로 했다. 홍시를 먹으려면 꼭지부터 빼는 게 순서이니, 꼭지 없는 것이 그리 큰 탈도 아니었다. 감 세 개를 연거푸 먹고 나니 좀 견딜 만했다.

배가 부르면 마음도 느긋해지는지. 묘하게도 감장수의 텃세가 이해되기 시작했다. 그의 말대로 그는 장사꾼이다. 장사꾼이 터를 지키는 일은 본능이라 할 수 있다. 터는 바로 밥줄이기 때문이다. 아프리카의 치타가 사슴의 목을 조른다고 선악을 따질 수 없는 것처럼 장사꾼이 터를 지키는 일은 생존을 위한 방식이 아닐까. 다만 그는 염치를 가진 인간이기 때문에 터를 지키기 위해 불필요한 고구마 한 상자 값을 지불했을지도 모른다.

차를 가지고 다시 오겠다던 아주머니는 끝내 오지 않건만, 시월의 밤공기는 점점 더 차가워지고 있었다. 감장수가 떠난 빈터에는 감을 파는 틈틈이 나를 안쓰럽게 건너다보던 그의 선한 눈빛이 자리를 메우고 있었다.

남명모: 2002년 ≪수필춘추≫로 등단.

바보 바흠들

　수유리 대한병원 뒤 주택가, 아침부터 골목길이 왁자지껄하다. 빈 박스 몇 개 실려 있는 유모차와 힌 짐 분량의 폐지가 가득한 손수레를 사이에 두고 할머니와 아줌마가 입씨름을 한다.
　"팔자 좋은 여편네가 뭐가 아쉬워 늙은이의 밥그릇을 빼앗아?"
　"먼저 줍는 사람이 임자지, 박스에 할머니 이름을 써 놓기라도 했어요?"
　"뭣이 어쩌고 어째?"
　한 발 차이로 폐지를 놓친 할머니의 안면근육이 바르르 떨린다. 분기 속에 원망이 섞여 있는, 최소한의 밥그릇을 지켜내기 위한 몸부림일까. 할머니의 고함소리가 골목을 울린다. 그 소리에 슈퍼마켓 아줌마도, 콩나물집 사장도, 세탁소 아저씨도, 길 가는 사람들도 하나둘씩 모여든다. 무슨 재미난 구경거리라도 생겼다는 듯 두 사람을 빙 둘러싼다. 할머니는 누가 듣거나 말거나 자신의 처지를 호소한다.

"폐지조차 수입하니 가격은 떨어졌고, 하루 종일 일해 봐야 약값 대기도 빠듯해. 나 같은 사람들은 어떻게 살라고. 등 따시고 배부른 노인들조차 손주 용돈 준답시고 폐지 주우러 다니는 꼴을 보면 억장이……."

할머니의 넋두리에 슬금슬금 도망가는 사람들, 그녀는 참았던 서러움이 북받친 듯 목이 멘다. 쥐코밥상으로 끼니를 해결하고 들판에서 이삭을 줍듯 폐지를 모으는 할머니. 쓸모없어 버려진 폐지도 누군가에겐 따뜻한 밥 한 그릇이 된다.

밥, 이 세상 모든 목숨붙이들이 남의 생을 취하지 않고는 살아나갈 수 없는 위대한 밥. 너도 먹고 나도 먹고, 절대 없어서는 안 되는 소중한 밥, 밥은 삶을 이어 주는 생명줄이 아니던가. 날짐승을 위해 감 몇 개 남겨 두는 까치밥의 미덕을 떠올린다. 들일을 하며 들밥을 먹을 때마다 엄마는 '고수레' 하며 밥 한 술을 던졌다. 그것 역시 벌레를 위해 베푸는 따스한 마음일 게다. 내 논의 이삭은 내 것이 아니라 마을에 어렵게 사는 사람들 몫이라 하여 줍지 못하게 했던 것도 남을 배려하는 사랑이 담겨 있다. 그건 홀로 사는 과부나 지어 먹고 살 논뙈기가 없는 홀아비, 그리고 부모가 없는 고아의 몫이라고 할아버지는 말씀하셨다. 가난하게 살면서도 이웃을 위해 이삭을 남겨 두던 할아버지, 그것은 세상 모든 목숨붙이들과 가진 것을 나누는 따스한 인정이 아닐까.

톨스토이의 단편소설 『인간에게는 얼마만큼의 땅이 필요한가』에서 주인공 바흠은 어리석다. 그는 풍족한 생활을 하고 있음에도 남의 땅에 눈독을 들인다. 1,000루블만 내면 하루 종일 걸어서 확보한 만큼의 땅을 살 수 있다는 제안을 받지만 단, 해가 지기 전에 돌아와야 한다는 조건이 있다. 그는 최대한 많은 땅을 가지려는 욕심에 쉬지도 못하고 물 먹을 시간도 없이 죽을 고생을 한다. 아슬아슬하게 출발지점까지 돌아와 많은 땅을 확보했지만 그는 그 자리에서 피를 토하고 숨진다. 결국 그에게 주어진 건 그의 육신을 묻을 약 2미터 가량의 구덩이가 전부다.

우리 사회에는 바보 바흠들 같은 사람들이 많다. 나도 그 중의 한 사람이다. 소유욕에 대한 강박증이라고나 할까. '00카드 7만 원 이상 구매 시 선착순 100명 사은품 증정'이란 광고지를 보면 당장 필요 없는 물품이라도 구매해 기어이 사은품을 받아 챙긴다. 그렇게 받은 사은품을 잘 쓰지도 않으면서 구석구석에 쌓아 두니 집안만 너저분하다. 비록 만족도가 떨어질지라도 그 물건이 꼭 필요한 사람이 있었을 텐데, 그 기회마저 빼앗은 셈이다.

흑삼 한 박스를 사면 흑삼 한 박스와 인삼차까지 준다기에, 수십만 원이나 하는 흑삼을 덜컥 구입했다. 장사꾼의 말만 믿고 산 흑삼이 가짜라는 건 텔레비전을 통해 알게 되었다. 태운 인삼이 이미 몸 속으로 들어갔으니 게워낼 수도 없고, 남은 흑삼을 쓰레기통에 처넣는데 헛웃음이 나왔다. 흑삼만 생각하면 괜히 몸 여기저기가 다 아픈 것 같았다.

바다는 메울 망정 사람의 욕심은 메우지 못 한다더니, 무언가 원하는 것을 얻어도 만족감이란 잠시 잠깐 나타났다 사라지는 안개 같다. 인간의 욕망이란 끝없이 질주하다가 천 길 낭떠러지에 굴러 떨어지거나, 어딘가에 부딪쳐야만 멈춰 서는 고장 난 브레이크는 아닐는지.

자신의 곳간에 재물을 그득그득 쌓아 두고도 남의 것을 탐내는 사람들이 있는 반면, 자신의 욕망을 억누르면서까지 못 먹고 못 입고 모은 전 재산을 사회에 기부하는 사람들도 있다. 바보 같은 천사들이다. 가진 것을 다 내어 주고도 환하게 웃는 바보, 그들은 욕심을 버리는 연습을 했기 때문이리다. 흔히들 요즘 세상에 바보가 없다고 하지만 이런 사람이 바보가 아니고 무엇이겠는가.

나만 욕심을 채우면 그만인, 인간의 비극이란 노인조차 눈에 안 뵈는 세상이다. 우리는 얼마만큼 비워야 진정한 바보가 될 수 있을까.

김옥순: 2007년 《수필과 비평》으로 등단.

황당과 당황 사이

얼마전, 인터넷을 검색하다가 참 우스운 조크를 읽었다. '황당'과 '당황'에 관한 차이점을 설명한 글이었는데 지금도 그 에화의 장년들을 상상하면 웃음이 난다.

배가 아파 화장실에 볼일을 보러 갔는데 정작 나와야 할 것은 나오지 않고 가스만 연달아 나오면 '황당', 번잡한 버스 안에서 가스를 빼려고 힘을 주었는데 생각지도 않았던 큰 것이 나왔다면 '당황', 고속도로를 달리다가 소변이 급해 주차해 있는 트럭 뒤에 차를 세우고 그 사이에 숨어서 볼일을 보는데 갑자기 트럭이 앞으로 나가버리면 황당, 후진하여 내쪽으로 오면 당황이라는 것이다.

또 있다. 엘리베이터를 탔는데 같이 탄 사람이 방귀를 뀌고 중간에 내리면 황당, 그 다음에 탄 사람이 냄새를 맡고는 나를 의심하면 당황이라나?

앞뒤 말이 바뀌기만 했을 뿐 비슷한 의미로 쓰일 것 같은데 써보면 확연히 다르고, 다른 듯하면서도 또 얼른 구별이 되지 않아 모호해진다. 아무튼 황당이나 당황이라는 말 모두는 위급하고 난처한 돌발 상황에 처했을 때 쓰는 말임이 분명하다.

사람이 살다보면 여러 가지 황당한 일도 일어나고 당황하여 어찌할 바를 모를 때도 있지만 엊그제는 참으로 어처구니없는 일이 벌어졌다. 그야말로 황당과 당황의 틈바구니에 끼어 두 시간 반을 허둥댔다.

큰 아들의 결혼식 날이었다. 미용실 예약이 11시여서 느긋하게 아침식사를 마친 후 예식장으로 향했다. 남편은 늘 실수를 해대는 내가 못미더웠는지 안 가져가는 게 없는지 살펴보라는 당부까지 했지만 귓전으로 흘렸다.

예식장까지는 한 시간의 거리인지라 10시에 출발했다. 고속도로가 좀 막히는 듯했으나 예식장 미장원에 들어선 시각은 오전 11시 5분, 그런대로 잘 도착한 셈이었다. 그런데 미용실 의자에 앉으려는 순간, 눈앞이 캄캄해지며 정신이 아찔했다. 이 일을 어찌하면 좋단 말인가! 챙긴다고 챙긴 것이 한복 저고리와 속치마만 덜렁 집어 들고, 구겨질까봐 벽에 걸어 둔 겉치마는 그냥 두고 와버렸으니 말이다.

결혼식 전 날도 결혼식 날 아침에도 '지금 챙기는 게 실수를 안 할 거야'라는 생각이 들었지만 '잊어버릴 게 따로 있지, 지금 접어놓으면 주름이 질 거야'라며 자신을 너무 믿었던 게 화근이었다. 비뚤어지거나 어질러져 있거나 구겨져서 단정하지 못한 것을 절대로 용납

하지 못하는 그 완벽주의가 문제였다.

부랴부랴 작은 아들을 찾아 집에 다녀오라는 부탁을 했다. 상황이 상황인지라 눈이 휘둥그레진 아이는 부리나케 집으로 향했다. 시계는 이미 11시 20분을 가리키고 있었다. 예식 시간이 2시로 잡혀 있으니 하객들을 맞이하려면 1시까지는 와야 한다. 어림잡아 계산해 봐도 왕복 두 시간이다. 길이 막히지 않더라도 1시 20분 전에는 돌아올 수 없는데 지금부터는 고속도로가 붐비기 시작하는 시간대가 아닌가. 주말이면 주차장처럼 막히는 그 구간을 어떻게 뚫고 올 수 있을지 막막하기만 했다.

순간, 가슴이 두 방망이질 치며 3년 전 청주 어느 결혼식장에서의 일이 눈앞에 펼쳐졌다. 비가 부슬부슬 내리던 어느 봄 날, 후배의 청첩장을 들고 청주로 내려갔다. 그런데 예식 시간이 되어도 부모가 도착하지 않지 시색이 되어 애를 태우면 신부의 모습이 떠올랐다. 30분이 지나서야 예식이 진행되는 바람에 그날의 결혼식은 무질서에 아수라장이었다.

하필이면 왜 이 급박한 순간에 그 기억이 떠올랐을까? 그렇잖아도 타들어가던 내 가슴이 휘발유를 뿌린 것처럼 불이 붙었다. 시계 바늘은 벌써 12시를 가리키고 있는데 콩닥콩닥 하던 가슴은 이제 쿵쾅쿵쾅으로 변하며 숨소리마저 거칠어졌다. 벽에 걸린 시계 바늘은 내 가슴보다 더 빨리 내달리며 정신을 혼란시켰고 바깥에서 들려오는 하객들의 웅성거림은 온몸을 옥죄어왔다.

열두시 반이 지나자 얼굴은 술 취한 사람처럼 벌게지며 달아올랐고, 식은땀이 흘러 애써 한 화장은 지워져 갔다. 제발 시계가 멈추어

주었으면, 아니 고속도로가 뻥 뚫려주었으면 하고 가슴만 쓸어내렸다. 머리를 만지고 있는 미용사의 손도 편치만은 않은지 모양새를 내지 못하고 있었다. 하지만 머리모양새가 까치집이 되든 말든, 화장이야 번지든 말든 그 따위는 문제가 되지 않았다. 거울을 보는 둥 마는 둥 하고 속치마 위에 저고리부터 걸쳤다.

이제 1시를 넘긴 시각이다. 남편은 이미 밀려드는 하객들을 혼자서 맞이하고 있다는데 나는 아직도 속치마 바람이라니 말도 안 되는 일이었다. 속이 새카맣게 탄다는 말은 이런 때 쓰는 것이리라.

아이에게 전화를 걸었다. 아들은 나보다 더 애가 타는 목소리로 고속도로가 갓길까지 막혀서 오도 가도 못한다는 것이다. 목덜미를 타고 흐르는 땀을 어찌해 볼 겨를도 없이 발만 동동 구르다가 1시 반쯤 되어서는 철퍼덕 주저앉고 말았다.

머릿속이 하얘지며 숨 쉬는 것조차 어려워진 그 순간 환청처럼 "엄마!" 하는 소리가 들렸다. 깜짝 놀라 돌아보니 작은 아들이 개선장군의 깃발처럼 치마를 휘날리며 뛰어 들어오는 것이 아닌가! 미용실에 있던 사람들이 나보다 먼저 일어나 박수를 치며 환성을 터트렸다. 목숨을 걸고 고속도로를 질주했을 작은 아이가 그렇게 위대해 보일 수가 없었다.

시계를 보니 1시 40분. 예식시간 20분을 남겨 놓은 시각이었다. 나는 아무런 일도 없었던 것처럼 주름 하나 없는 그 '개선장군의 깃발'로 속치마를 감싼 후 손님 맞기에 바쁜 남편 곁으로 달려갔다.

그렇게 헐레벌떡 시어머니 이름표를 붙이고 보니 생각할수록 웃음이 나온다. 구김살 없는 진솔 치마 입고 공작새 같은 시어미 되려다가 여러 사람 애태우며 체통만 구기고 말았으니 말이다. 그날 나는 '황당'인지 '당황'인지 굳이 따지고 싶지도 않은 사건 앞에서 한평생 끼고 살았던 완벽주의와의 결별을 선언했다.

체통 구긴 시어미가 되고 나서야 비로소 철이 드나보다.

김영옥: 2007년 ≪수필과 비평≫으로 등단.

뚜벅이 황후

　내 이름은 조후미, 황후 후(后)에 아름다울 미(美)를 쓴다.
　처음 만난 사람과 통성명을 나눌 경우, 내 이름을 듣고 사람들이 보이는 반응은 둘 중 하나다. 참 특이한 이름이네요이거나, 늘 끝에만 계시나 봐요인데 그럴 때마다 한자로 풀어 설명하기도 뭐하고 해서 그냥 실없이 웃고 만다.
　뒤 후(後), 꼬리 미(尾) ― 사람들은 대부분 '후미'라는 어휘에서 뒤쪽의 끝을 연상하거나, '물가나 산길 따위가 휘어서 굽어진 곳'을 유추해 내는 모양이다. 이렇듯 한글로 읽히는 후미라는 이름은 만년 꼬리에서 벗어날 수 없는 어둡고 습한 이미지가 강하다.
　내 이름은 조모께서 해남 대흥사 주지스님을 찾아가서 지어오셨다. 첫 손녀를 얻은 기쁨이 그리도 크셨던지, 진도에서 해남까지 교통편도 어려운 길을 굽이굽이 찾아가서 받아 오신 이름이다.

황후 후(后), 아름다울 미(美) – 속세를 떠난 승려가 지은 이름치고는 표면이 지나치게 화려하고 사치스럽다. 황후(皇后)라 함은 황제의 정실부인을 이르는 말이니 세상의 부귀와 영화는 황후의 것이 아니던가. 스님께서 내 이름자 안에 황후라는 뜻을 넣어 주신 이유가 겨우 육신의 안락함만을 위한 것이었을까.

다행히도 스님은 후(后)자 옆에 미(美)도 새겨주셨다. '아름답다'를 사전에서 찾아보면 '보거나 듣기에 즐겁고 좋은 느낌을 가지게 할 만하다. 예쁘고 곱다. 행동·마음씨가 훌륭하고 갸륵하다'로 정의되어 있다. 아름다움은 외면과 내면을 두루 겸비할 때 진가를 발휘한다. 심신이 아름다운 황후를 상상해 보라. 그녀는 남편인 황제뿐만 아니라 백성에게도 칭송과 존경을 받는 가인임에 틀림없다.

황후의 지위에 아름다움까지 덤으로 가졌으니 후미(后美)는 보통 이름이 아닌 것이다. 그러나 문제의 핵심은 아름다운 황후가 21세기를 살아간다는 데 있다.

무성 영화 같은 세상 속에서 후미(后美)는 여인1의 단역으로 살아간다.

어슴푸레한 새벽녘에 단잠의 유혹을 물리치고 일어나 가족을 위해 밥을 짓고 반찬 투정하는 아이들에게 온갖 회유와 협박을 일삼으며, 남편의 양말 시중을 들어야 하고, 가족이 썰물처럼 빠져나간 자리를 청소하다 바퀴벌레 한 마리와 사투를 벌이거나 먼지에 취해 재채기를 해대는 알레르기성 비염 환자이고, 여인 2, 3, 4와 수다를 떨 때는 나긋나긋하다가도 채소가게 주인과 더 주네 마네 흥정할 때는 싸움닭이 되고 마는 맹순이이며, 대형할인점에서 장이라도 볼라치면 양 손에 장바구니를 들고 낑낑대며 버스에 오르는 무식한 팔뚝의 소유자이기도 한 삶. 이것이 21세기를 살아가는 후미(后美)의 모습이다.

후미(后美)라기 보다는 후미(後尾)의 삶이다.

후미(後尾)는 도시인으로 동화된 것도 아니고 초월의 경지에 이른 것도 아닌 어중간한 자리다. 이 자리의 사람들은 근대화나 산업화가 인류의 정신을 퇴보시켰다고 불평하면서도 문명의 이기에 몸을 맡기고 마는 이중성을 지닌다.

편리함과 시간 절약이라는 미명 아래 네 개의 바퀴에 기대야 할 때 나는 생각한다. 아, 나는 어쩔 수 없는 후미(後尾)로구나. 자동차에 급제동이 걸릴 때마다 바람 인형처럼 의지(意志) 없는 몸부림으로 부대끼는 나는 생각한다. 아, 나는 이름만 화려한 후미(後尾)로구나. 자아나 존재, 실체라고는 찾아볼 수 없는 빈 껍질의 환영이 자동차 안에서 너울너울 춤추는 것 같지 않은가.

이런 상황은 운전자가 되어도 마찬가지다. 끊임없이 신호등의 통제를 받아야 하고 흰색과 황색 선에 갇힌 채 달려야 한다. 안전이라는 미명 아래 가거나 서는 것에 대한 자율권마저 도로교통법에 양보한 지 오래다. 경찰차만 봐도 움찔거리는 심리 역시 내가 후미(後尾)일 수밖에 없다는 증거다.

이렇듯 보잘것없는 후미(後尾)지만 가끔은 세인의 껍질을 벗고 진정한 후미(后美)로 살아가고 싶다.

후미(后美)가 사는 세상은 민첩하지 못한 천성이 축복이 되고, 의지의 제동은 오직 자아에 의해서만 조절되는 곳이다. 목적 없이 길

위에 섰다고 누가 나를 나무랄 것인가. 가고 싶은 곳으로 주저 없이 발길을 옮긴다고 해서 제지당할 일도 없다. 사소함과 소중함 사이를 넘나드는 작은 생명들과의 조우를 맛 볼 수 있으며, 한 발자국씩 앞으로 나아갈 때마다 헝클어진 생각의 매듭을 풀어가는 즐거움이 있고, 치열하게 살아가는 이웃들의 숨소리가 들리는 곳이 바로 후미后美가 살아가는 세계이기 때문이다.

 나는 걷는 것을 좋아한다. 물론, 내 소유의 자동차가 없기 때문이기도 하지만 그보다는 튼튼한 두 다리로 걸을 수 있는 날 동안 마음껏 걸어 보려는 욕심 때문이기도 하다. 뒤꿈치가 땅에 닿는 순간 전해오는 짜릿함과 미련 없이 땅을 밀치며 허공으로 튕겨 오르는 발가락의 꼬물거림으로 인해 살아 있음을 느낀다면 지나친 표현일까.

 걷기 좋아하는 사람을 세인들은 뚜벅이라 부른다. 뚜벅뚜벅 걸어서 뚜벅이지만, 차가 없어서 어쩔 수 없이 걸어야 하는 가난한 사람이라는 비아냥거림도 섞여 있다.

 뭐 어쨌든 그런 소리쯤은 상관없다. 나는 뚜벅이라 불리는 것이 좋으니까. 뚜벅이라 불릴 때마다 세포 깊숙한 곳으로부터 희열의 공기방울이 퐁퐁 솟아나오니까. 걷는 순간만큼은 본연의 후미(后美)일 수 있으니까.

 보이고 들리는 것이 세상의 전부는 아니다. 그 이면에는 억겁의 사연들이 감추어져 있고, 사연들은 파동으로만 전해지는 작은 소리로 길 위의 뚜벅이를 부른다.

 후미(后美)님, 하늘을 보세요. 어제는 메마른 파랑이더니, 오늘은 진홍빛이네요. 내일은 비가 올까요. 후미(后美)님, 발밑을 좀 보세요. 보도블록 사이에 씨앗이 숨어 있어요. 이 작은 생명이 혹독한 겨울바람을 이겨내고 봄을 맞을 수 있을까요.

나는 목소리를 좇아서 하늘을 보거나 땅을 관찰하기도 하며 가고 싶을 때 가고 멈추고 싶을 때 멈추어 선다. 길이 막혀 있으면 주저하지 않고 돌아갈 수도 있다. 나 아닌 누구도 나를 통제하거나 간섭하지 않으니 걷는 순간만큼은 진정한 후미(后美)인 것이다.

가볍고 느긋하게 살고 싶다. 할 수 있는 한 많은 시간을 뚜벅이로 살며 황후의 지위를 누리고 싶다. 나의 발자국이 찍히는 순간마다 지구엔 더 짙은 푸른색이 남겨질 것이기에 뚜벅이의 삶을 오히려 자랑스러워하련다.

하늘은 오늘도 파란 양산을 펼쳐들고 뚜벅이 황후를 기다린다.

조후미: 2007년 《현대수필》 봄호.

신인상 수상.

피아노

한겨울에 이사를 했다. 아파트에서 아파트로 이사를 했다. 오전에 짐을 싸서 오후에 짐을 푸는 것으로 이사는 끝났다. 돈만 주면 되는 이사는 참 싱거웠다.

저녁 무렵에 아내가 시루떡을 돌렸다. 옆집, 아랫집, 아랫집 옆집, 윗집 그리고 윗집 옆집에 돌렸다. 떡을 돌리고 온 아내가 말했다. 윗집여자가 날씬하고 예쁘더라고 했다. 나이는 조금 들어 보였지만 고상해 보이기까지 하더라고 했다. 나는 아무 대답도 안 했다.

다음날 이른 아침, 책을 읽고 있는데 윗집에서 피아노 소리가 났다. '알로하오에'를 더듬거렸다. 아내가 걱정을 했다. 아파트에서 무슨 피아노를 치느냐면서 소리에 민감한 내 눈치를 살폈다. 아내는 피아노를 치는 사람은 날씬하고 예쁘고 고상하기까지 한 윗집여자라고 단정했다. 나도 기꺼이 동의했다. 그래 놓고 보니 피아노 소리가 시끄럽지 않았다.

　글을 읽으면서 마음은 날씬하고 예쁘고 고상하기까지 한 윗집여자의 피아노 소리를 따라갔다. 음이 끊어지면 기다려 주었다가 리듬이 빨라지면 서둘러 뒤쫓아갔다. 화음이 틀리는 곳에서는 표 안 나게 씩 한번 웃어주었다. 눈앞에 와이키키 해변이 나타났다. 파도 위에 부서지는 햇살에 눈이 부셨다. 사랑하는 사람을 떠나보낸 아름다운 여인의 실루엣이 석양에 어른거리기도 했다. 날씬하고 예쁘고 고상하기까지 한 윗집여자의 더듬거리는 피아노 소리는 환상적이었다.

　어떤 날은 '매기의 추억'을 연주하기도 하고, 어떤 날은 '섬집 아기'를 연주하기도 했다. 그때마다 나는 날씬하고 예쁘고 고상하기까지 한 윗집여자의 피아노 소리에 맞추어 콧노래를 부르면서 옛 친구 생각에 잠기기도 하고, 고요하고 평화로운 섬나라로 여행을 떠나는 상상을 하기도 했다. 나는 아내의 눈치를 봐가면서 하루하루 날씬하고 예쁘고 고상하기까지 한 윗집여자의 피아노 소리를 즐겼다. 이 아파트로 이사 온 행운을 나 혼자만 만끽하는 것 같았다.

　몇 주일이 지난 어느 날 오후, 아내와 같이 그림전시회에 가기 위해 엘리베이터를 타려는데 날씬하고 예쁘고 고상하기까지 한 부인이 타고 있었다. 아내와 그 부인이 서로 잠시 머뭇거리더니 간단히 인사를 나누었다. 바로 윗집여자였다. 떡을 돌린 이후에 처음 만나서 서로 알아보기 힘들었던 것 같았다. 아내는 나에게 윗집여자를 소개했다. 나는 윗집여자와 눈을 마주치지 못했다. 피아노를 훔쳐 듣고서 마음대로 상상한 것이 괜히 쑥스럽기도 하고 미안하기도 했다.

'저렇게 날씬하고 예쁘고 고상하기까지 한 부인이니까 피아노 소리가 그렇게 순수하고 맑고 밝을 수 있구나. 저 길고 흰 손을 봐라. 저 고운 손에서 어찌 불결함과 무례함과 나태함을 연상할 수 있겠는가! 누구라도 날씬하고 예쁘고 고상하기까지 한 윗집여자가 피아노를 치는 모습을 본다면 넋을 잃지 않을 수 없을 것이다.'

엘리베이터에서 내린 아내와 나는 윗집여자와 헤어지고 주차장으로 갔다. 막 차를 타려는 순간 휴대폰을 가지고 오지 않았다는 것을 알았다. 아내의 눈총을 받으며 다시 집으로 올라갔다. 거실에서 휴대폰을 들고 나오는데 윗집에서 피아노 소리가 났다. '알로하오에'였다. 윗집여자가 더듬거리면 치던 그 소리였다. 매일 듣던 그 피아노 소리였다. 나는 멜로디를 따라 흥얼거리다가 그 자리에 멈추어 서고 말았다. '윗집여자가 방금 외출하는 것을 보았는데 피아노 소리가 나다니! 그렇다면 피아노를 친 사람은 윗집여자가 아니었다는 말인가?' 나는 무척 혼란스러웠다.

주차장에서 기다리고 있던 아내에게 달려가서 윗집에서 피아노 소리가 들리더라고 말했다. 내 목소리가 너무 커서 지나가던 사람이 모두 돌아다볼 지경이었다. 아내가 민망스러운 얼굴로 나를 바라다보았다. 그게 그렇게 급하고 중요한 일인지 되묻는 것 같았다. 나는 움찔했다. 날씬하고 예쁘고 고상하기까지 한 윗집여자에 대한 관심이 들킨 것 같아서 내심 당황스러웠다.

전시회 관람을 마치고 돌아오면서 다시 말을 꺼냈다. 궁금해 하기는 아내도 마찬가지였다. 자녀와 같이 살고 있는 것은 아닐까? 손자를 키우고 있는 것은 아닐까? 그럴 가능성은 낮아 보였다. 더듬거리는 피아노 소리는 차근차근 배운 솜씨가 아니었다. 그냥 집에서 시간 나는 대로 건반을 두드린 수준이었다. 나이든 사람이 치는 피아노 소리였다. 그렇다면 윗집에서 평일날 아침에 피아노를 칠 수 있는 사람은 날씬하고 예쁘고 고상하기까지 한 윗집여자 이외에 누가 있을까?

집에 도착하니 또 피아노 소리가 들렸다. 더운 날씨에 더듬거리는 피아노 소리를 들으니 짜증이 났다. 어제까지만 해도 더위를 잊게 해 주는 청량제였는데 지금은 달랐다. 아파트에서 피아노 치는 일은 예의도 없고 이웃에 대한 배려도 없고 공동체의식도 없는 몰상식한 행위라고 생각되었다. 아랫집 사람을 무시하는 행위 같았다. 한음 한음이 말초신경을 콕콕 찔렀다. 당장 뛰어 올라가서 피아노 그만 치라고 소리라도 치고 싶었지만 꾹꾹 참았다. 아내에게 더 이상 내 속내를 보이고 싶지 않았다.

강기석: 2005년 계간 ≪수필세계≫로 등단.

물꼬

식전 댓바람부터 고함소리가 오갔다. 이렇게까지 할 생각은 아니었는데 남편과 서로 큰소리를 내다보니 별것 아닌 일이 별것이 되고 말았다. 와이셔츠에 넥타이를 매고 출근하던 남편이 언제부터인가 편하다는 이유로 티셔츠만 입고 사무실로 나가기 시작했다. 날씬한 사람이야 뭘 입어도 맵시가 나겠지만 뚱뚱한 남편은 펭귄처럼 배만 툭 튀어나와 웃겨보였다. 걸음걸이마저 뒤뚱거리는 듯이 보여 한소리 안할 수가 없었다. '반듯하니 넥타이를 매고 출근을 하는 것이 좋겠다'라는 나의 말에 시큰둥한 반응이었다. 반발이라도 하듯이 굳이 티셔츠를 입고 나서는 것이 마음에 들지 않아 '보는 사람 생각도 좀 히지'리고 힌 깃이 도화신이 되어 아짐을 망쳐버렸다.

큰소리를 치다보니 감정이 격해져 내가 잘났느니 네가 잘났느니 서로의 잘잘못을 따지면서 하지 말아야 할 이야기까지 서슴없이 오가고 말았다. 케케묵은 일까지 들추어 한참 실랑이를 벌이다가 한순간 이게 무슨 짓인가 싶어 주춤했지만 이미 엎질러진 물처럼 되어 버렸다. 등교준비를 하느라 여념이 없던 아이들은 웬 날벼락인가 싶어 방문을 걸어 잠그고 나올 생각을 아예 하지 않는다. 그것조차 화가 나서 아이들에게까지 고함을 지르고야 만다. 출근해서 일해야 할 사람, 학교 가서 열심히 공부해야 할 아이들까지 세탁기에서 막 꺼낸 남방처럼 구겨진 인상을 한 채 현관문을 나선다.

그렇잖아도 식구가 많아 비좁은 자가용이 고래싸움에 새우등이 터졌다며 투덜거리는 아이들로 인해 공기가 더욱 답답하게 느껴졌다. 이렇게 시작된 하루는 첫 단추를 잘못 끼워 입은 옷처럼 종일 뒤틀리고 사소한 것에도 신경이 곤두서는 것이 십상이다. 뒤늦게 하루를 망쳐버린 것이 내 탓이라는 걸 깨닫고 후회하지만 쉽게 미안한 마음을 전하지 못하고 끙끙거린다. 대부분의 일은 참을성이 부족한 나의 성정 탓에 싸움이 생긴다. 혹은 이번 일처럼 소통의 장애로 서로가 속상하게 되기도 한다. 부족한 나 자신을 돌아보다 아버지를 떠올린다.

한여름 무더위에 가뭄이 길어지다 보면 논에 물 대는 일로 이웃끼리 다투는 일이 종종 생긴다. 논이나 채소를 심어놓은 밭과 매한가지로 속이 타는 농부들의 심정이 거북이 등껍질처럼 턱턱 갈라질 때쯤 생기는 일이다. 유월이면 모내기를 끝낸 모들이 쨍쨍한 햇볕을 받으며 심지를 굳혀 가는데 물 또한 없어서는 안 될 생명의 젖줄이라 그 시기엔 농부들 사이에 물꼬 드는 일로 서로 신경전을 벌이곤 하는 것이다. 내 논에 물들어 가는 것과 자식 입에 밥숟가락 들어가는 것을 동일한 것으로 취급할 만큼 농사는 농부들의 목숨과 같은 것이다.

예전에 친정아버지도 마을에 이장으로 지내던 이와 옥신각신한 적이 있었다. 마침 이장 집 논이 우리 논과 위아래로 경계를 하고 있어 그 집 논에 물을 채우고 나서야 물꼬를 틔울 수가 있었다. 어느 날 가뭄에 서로 나누어야 할 물을 밑도 끝도 없이 자기 논에만 채우는 이장을 보며 눈치만 보고 참던 아버지가 화가 잔뜩 나셨다. 이제나 저제나 하고 기다리다가 해거름이 되자 분을 삭이지 못한 아버지가 달려가서 다짜고짜로 이장의 멱살을 잡았다. 서로가 체면도 잊어버리고 멱살잡이에 험한 말까지 오가자 구경거리가 생긴 동네사람들은 싸움구경에 신이 났다.

평소에는 동네 일을 내 집일처럼 여기저기 뛰어다니며 해결해 주던 평판 좋은 양반이지만 갑작스런 멱살잡이를 당하자 가만히 있지만은 않았다. 그래도 서로를 이해시키려고 노력하는 사람이 서넛 있어 패대기를 치는 정도까지 가지 않은 것이 다행인지도 몰랐다. 싸움을 말리던 몇 사람은 '무슨 대단한 구경거리라도 생겨 원숭이 구경하듯 하느냐'며 사람들을 헤치고 나왔다. 그 자리를 작파하고 나선 사람들은 두 사람을 데리고 동네에서 조금 떨어진 막걸리 집으로 데리고 갔다.

거나하게 취해서 돌아오신 아버지는 싫다 좋다는 말씀도 없이 코를 골며 주무셨다. 뒷날은 별일 없었다는 듯이 논일이며 밭일을 하시고 이장을 만나 잡담까지 하셨다. 아무리 생각해도 어제 막걸리 집에서 분명 무슨 일이 있기는 있었는데 말씀이 없어 궁금하던 차에

해가 뉘엿할 때 즈음 집으로 돌아오신 아버지께 냉수를 한 사발 가져다 드리고는 슬쩍 궁금증을 물어보았다.

"아 글케 그 이장 집에 소가 송아지를 낳았는데 이것이 문제였던 기라."

아버지는 물 한 사발을 더 들이키시고는

"난산이라 앞다리부터 안 나오고 뒷다리가 쑤욱 튀어나와서 쥑이는 줄 알았다네. 그래서 송아지 낳는데 정신을 쏟다보니 제 논에 물을 좀 대고 물꼬를 틀어 내 논에도 물을 대준다는 것이 늦어진 것이제."

나의 반문이 쏟아졌다.

"그라믄 이장 어른은 왜 멱살까지 잡혀가며 소가 새끼 낳는데 난산이라 늦어졌다는 이야기를 안했데요."

얼굴이 붉어진 아버지는

"내가 순간적으로 너무 하는 거 아니냐며 다짜고짜 덤비니 저도 속에 천불이 나니 고함만 지른 것이지."

모든 것이 너무나 간단명료하게 끝이 났다. 그 후로 두 분은 싸우기 이전처럼 붙어 다니시며 동네 일이며 개인사를 논하시곤 하셨다.

한동안 봄 가뭄으로 산불이 연일 발생되더니 오늘 아침은 크산티페의 얼굴표정을 하던 하늘에서 빗방울이 쏟아져 내렸다. 흙먼지 냄새가 폴폴 나더니 땅은 어느새 축축하게 젖어 내리는 비가 반가운 손님처럼 느껴진다. 마른 나뭇가지들도 봄비에 새 순이 돋아 더욱 활개를 치며 환한 꽃등을 피울 것이다. 메마른 땅에 바람이 불어와 먼지를 일으키듯 소란스런 나의 행동이 경거망동처럼 느껴진다. 민망하기도 하고 속도 상하지만 해결책은 의외로 간단하다는 것을 안다. 나는 익숙한 전화번호를 돌려 한마디 툭 던져본다.

"저녁에 술안주로 제육볶음 해놓을게요."

배단영: ≪수필과 비평≫ 신인상 수상.

괴돌

　팔월 하순에서 구월 초순이 되면 야생이 숨쉬는 풀숲이나 척박한 길바닥까지도 겉모습과는 달리 생명의 기운이 분주하다. 마라톤의 후미 그룹같이 뒤처진 생명들의 마무리 노래가 한창이기 때문이다. 식물은 눈만 떠도 씨앗을 달고 벌레는 결미의 가락을 엮는다.
　그들의 강인한 생명력이 놀랍다고는 하지만 배려하는 마음이 적은 사람의 눈길과 발길이 훑고 간 흔적은 안쓰럽다. 밟히고 찢기는 일이 다반사여서 성한 곳이 없다. 제때 꽃 피우고 열매를 달지 못하다가 오가는 사람이 뜸해지고 날씨가 선선해지면 바빠지는 것이다.
　시골에 사는지라 쉬는 날이면 그들을 쉽게 만난다. 구월 초만 되어도 서늘바람이 일어 지쳤던 마음에 여유가 생긴다. 건성으로 보던 야생초들의 사는 모습이 세세한 곳까지 보이고 그들의 이야기가 속 귀에 들어온다. 누구 한 사람 그들의 가락에 귀 기울여 주지 않아도 계절의 행간을 알뜰하게 메운다. 마치 자신들이 생태계를 받치고 있는 굄돌인 것을 알고 있기라도 하듯이.

　지난 일요일 해질녘에 정원에서 잡초를 뽑다 늦자라 손가락 한 마디쯤 되어 보이는 큰금매화를 만났다. 도리암직한 모습에서 꽃의 한생을 보았다. 본래 이 야생화는 키가 60~80센티미터쯤 자라고 우리나라 북쪽지방의 고산지대에 많이 서식한다. 내가 사는 곳도 산악지대에 가까워서인지 큰금매화는 군락을 이루고 있다. 그러니 제가 살기에는 거칠고 메마르지만 자연스럽게 정원 귀퉁이까지 내려와 터를 잡은 듯하다.

　나는 성품이 곧고 행실이 깨끗한 사람을 만난 듯 반가우면서도 내 모습이 발뒤꿈치를 들고 사는 사람 같아 기가 꺾였다. 호미를 든 손을 슬그머니 뒷짐을 지며 한 발 물러서서 맑고 당당한 모습에 경의를 표했다. 흔히 볼 수 있는 야생초의 늦은 마무리로 보이지만 그 속을 들여다보면 건강한 사회를 괴고 있는 소박한 이웃 같아서였다.

　얼마전 일터에서 특별한 사람을 만났다. 신문을 읽고 있던 나에게 사람은 보이지 않고 덧버선을 사라는 소리가 들렸다. 두리번거리는 내 앞에 여자 아이 머리가 나타났다. 유심히 보니 아이가 아니라 휴대폰으로 딸과 통화를 하고 있는 사십대 중반의 여성이었다. 따뜻하고 다감함은 물론 더할 나위 없이 당찬 모습은 일전에 정원에서 만난 큰금매화를 보는 듯했다.

　그녀는 키가 크지 않는 장애를 가진 사람이었다. 그럼에도 행상을 하고 있었다. 다섯 켤레에 만 원이라며 사라고 했지만 필요한 물건이 아니어서 망설이다가 결국 샀다. 딸과 통화할 때 보인 당당함도 한몫을 했지만 무엇보다 좁아터진 내 국량이 부끄러웠기 때문이다. 그다지 검소한 사람도 못 되면서 때와 장소를 잊고 마음과는 달리 인색한 태도를 취할 때는 나 스스로도 민망하다. 동정이 아닌 거래를 했다. 그렇게 하는 것이 그 사람에 대한 예의라는 생각이 들었다. 무슨 말이라도 하고 싶었지만 마땅한 말을 찾지 못해 그냥 웃기만 했다. 그녀도 웃었다. 웃음은 서로를 이해하고 있음을 알 수 있는 아름다운 기호이다.

그녀가 귀한 존재로 다가온 것은 평생 밥그릇을 화두로 살아가는 변변하지 못한 나에 대한 자괴지심 같은 것이 있었기 때문일 것이다. 그리고 요즘 젊은이들 중에 좋은 조건을 많이 갖추고도 혼자 편하게 살려고 하는 이기심에 대한 서운함도 작용했던 것 같다.

우리가 살아가는 모습은 돌담을 쌓는 일과 닮은 점이 많다. 튼튼하게 쌓기 위해서는 반듯하고 큼직한 돌도 필요하지만 모양과 크기가 제멋대로인 막돌도 필요하다. 막돌은 볼품은 없지만 빈틈을 메우거나 큰 돌을 받쳐주어 흔들림을 막아 준다. 담다운 담을 이루어내는 것은 큰돌과 막돌의 격의 없는 어우러짐이 있어야 가능한 일이다.

생태계를 받쳐주는 생명체들의 관계도 이와 다르지 않다. 늦은 마무리를 하는 야생초와 늦더위에 덧버선을 팔던 어느 키 작은 여인의 삶의 노래가 굄돌이 된 막돌의 이야기일 것이다. 세상을 괴어 주는 그들의 이야기를 마음과 귀를 모아 들어봐야 하리라.

나는 막돌이면서 언제나 반반하고 빛나는 자리를 탐했다. 굄돌이어야 하는 순간 기꺼이 그 역할에 최선을 다했는지 자문해 보면 자신이 없다. 해질녘에 정원 귀퉁이에서 짧은 다리로 바쁜 길을 가던 큰금매화는 내가 만난 가장 아름다운 굄돌이다.

윤경화: ≪선수필≫ 신인상으로 등단.

나 혼자 바보

처음 컴퓨터에 입문하던 날 I·D라는 것을 만들란다. 퍼뜩 떠오른 이름이 바보(babo)다.

태어날 때야 축복 아닌 생명이 있을까마는 양반가의 장손이라는 꼬리표를 달고 태어났건만 몰락한 가문의 후예로 혼란한 10대를 거쳐, 꿈도 희망도 아닌 망상으로 20대를 어지럽게 싸돌아다니다가 나를 상실한 채 방황했던 30대가 있었다. 젊음을 이렇게 낭비한 덕분에 40대와 50대를 새벽부터 밤늦은 시간까지 일에 매달려 겨우 연명해 온 바보였다.

이희승의 수필 '먹추의 말참견'에 이런 구절이 있다.

'기쁜 일이 생겼을 적에 웃을 줄도 모르고, 슬픈 일이 생긴 때에 울 줄도 모르는 자는 바보지 뭐요?'

나에게 기쁠 때가 있었나? 아니면 슬플 때가 있었나? 도무지 기억이 나지 않는다. 운명에 기쁨을 뺏기고 세월이 슬픔을 무디게 만든 탓일까?

평생 날뛸 만큼 좋아해 본 적이 없고 그렇다고 억울하고 분하다고 소리 지를 용기도 없이 살았다. 그러다보니 비참하고 비통한 이야기에도 덤덤하다. 코미디 프로를 보면서도 웃지 않는다. 재미가 없다. 코미디를 보면서 정신없이 웃던 내 아내가 웃지 않는 나를 돌아보고 '인간성이 더러워서 저렇다'고 핀잔이다. 그래도 덤빌 배짱이 없다. 도무지 감정표현이 서툴다, 아예 감정이 메말랐나 보다.

벌써 오래전부터 스스로 바보라고 깨달았던 같다. 회원 가입 란에 I · D를 바보(babo)라 입력했다. 사용할 수 없다고 한다. 벌써 다른 바보가 등록을 한 것이다.

세속의 욕망을 등진 사람도 아니면서 눈앞의 장애물에는 번번이 걸려 넘어진다. 부딪히면 항상 진다. 거는 족족 꽝이다. 맞힌 일이 없다. 길도 못 찾는다. 엉뚱한 곳에서 헤매다가 되돌아오기 일쑤다. 영원할 줄 알았던 것이 중간에 사라져버리고, 쉬 사라질 줄 알았던 것이 끈질기게 붙어서 떨어지지 않는다. 거듭되는 실패에도 초조할 줄을 모른다. 짜증을 낼 줄도 꾀를 부릴 줄도 모른다. 외부의 압력을 압력으로 알지 못하니 굴복해 본 일도 없다. 그저 나보다 무지한 사람도, 무능한 사람도 없으려니 여기며 살았으니 나만큼 속없는 바보가 또 있겠는가?

다시 I · D를 수정하여 입력했다. '나바보(nababo)'라고.

웬일인가! 나바보(nababo)가 또 있다는 것이다. 이름을 도용당한 것처럼 화가 났다.

항상 이런 식이다. 성공한 줄 알고 으스대다보면 실패라는 판정이 나온다. 바르다고 믿고 내세우면 결과는 틀린 것이란다. 믿었던 진리는 항상 오류가 되어 돌아오고, 오류인 줄 알고 버렸던 것이 진리가 되어 나타난다. 제대로 생겼으면서도 이리 굴리고 저리 채이면서 우그러지고 찌그러진 채 소리만 요란한 양은냄비처럼 올바른 대접 한 번 못 받고 살아왔다. 이리저리 둘러보아도 나를 쳐다보고 나에게 귀를 기울이는 사람이 하나도 없다. 지나온 삶을 돌아보니 온통 버릴 것투성이의 허섭스레기만 널려 있는 듯보이다. 그런데도 나 말고 누가 감히 '나바보(nababo)'라고 나서는가 말이다.

'나 혼자만 바보란 말이야.' 이렇게 버럭 소리 지르고 싶었다.

그래 이번에는 '나혼자바보(nahonjababo)'라고 우겨 다시 입력했다.

그러면 그렇지. 사용해도 좋다는 승인이 떨어졌다. 그날 이후 컴퓨터가 있는 한 언제 어디서나 내 이름은 '나혼자바보(nahonjababo)' 뿐이다. 남은 일생 '나혼자바보(nahonjababo)'로 살아갈 운명을 공인받았다.

검색창에다 본명을 치면 수백 명이 주르르 올라온다. 의사, 학자, 예술가, 사업가, 정치인, 종교인, 심지어 사기꾼까지 별의별 사람이 다 있다. 거기에 진짜 나는 없다. 거기 어디에도 끼지 못하는 바보니까.

그러나 '나혼자바보(nahonjababo)'를 검색하면 진짜 내 허줄한 삶의 이야기 목록만 올라온다. 결국 본명은 내 진짜 이름이 아니요, I·D가 진짜 이름이라는 것을 인터넷이 증명해 준다. I·D야말로 속일 수 없는 나만의 본명이다.

나는 이 이름이 좋다.

나를 깨우치고 채우기에 바쁘다보니 남을 헐고 탓할 겨를이 없다. 그러니 노리거나 다툴 일이 없어 좋다. 남들이 나를 두려워하지 않고, 경계하지 않아서 좋다. 그래서 자유롭다. 내가 무슨 짓을 하든, 무슨 말을 하든, 시비 거는 사람이 없으니 부끄러울 일도 없다. 바보기 때문이다.

그리고 더욱 좋은 것은 외모에 신경 쓰지 않아도 되고, 옷차림에 공들일 필요가 없다. 바보니까. 바보가 이렇게 편하고 좋은 것을 젊은 날 왜 그리 똑똑한 놈 소리 들으려고 생고생을 했는지 후회스럽기도 하다. 바보임을 깨달으니 후회도 없어 마음은 마냥 편하다. 후세에 위대한 업적을 남긴 발명왕 에디슨이나 과학자 아인슈타인도 어린 시절에는 바보로 놀림을 받던 열등생이었다는 사실로 크게 위안을 받는 것도 바보이기 때문일 것이다. 이 시대 최고의 창의성을 발휘하여 세상을 바꾸어놓은 스티브잡스도 낙오자 취급을 받던 바보였다는 말을 듣고 나도 그런 인물이 될 수 있으려나 하는 기대를 순간적으로나마 가져보는 어처구니없는 바보로 사는 것이 재미도 있다.

어느 너그러운 친구의 말

"인간은 모두 바보로 살아가도록 만들어진 것이야. 그래서 생판 모르는 미래에 인생을 걸고 도박을 하는 것이 아니겠나? 때로는 명예와 돈을 좇다가 거덜나고, 또는 쥐꼬리만 한 지식을 가지고 으스대다가 자빠지는 것이지. 지옥인 줄도 모르고 사랑의 늪에 빠져 허덕이고……. 허허. 무엇보다도 남들이 바보라고 손가락질해 대는 데도 자기 혼자 똑똑한 척 잘난 척하다가 버림받으면서도 여전히 큰소리만 쳐대는 그런 진짜 바보들이 얼마나 많은가 말일세. 스스로 바보인 줄 아는 사람은 깨달음을 얻은 지혜 있는 사람일지도 모르지."

바보라는 것을 깨닫는데 무려 60년이 걸린 나는 입에 발린 이 친구의 말에 또 속아서 내가 정말 그런가 싶은 마음이 동하니 역시 바보임이 분명한가.

나에게는 톨스토이의 단편에 등장하는 시몬이나 타라스 같은 능력이 없다는 것은 깨닫지 못하고 마냥 바보 '이반' 처럼 살겠노라고 큰소리치고 싶으니 바보는 역시 바보를 면할 수 없는가보다.

원래 바보는 울보, 겁보, 느림보와 같이 체언 '밥'에 접미사 보가 붙어서 된 낱말이라고 한다. 따라서 밥만 먹고 하릴없이 노는 사람을 가리키는 말이었다고 한다.

옳거니! 이제부터는 무엇을 하려는 생각 말고 밥그릇이나 긁으며 살 것이다. 이보다 더 행복한 삶이 또 있겠는가. 하긴 무엇 해보았자 또 망할 것은 뻔한데…….

許之空(본명: 정호영) : 2007년 월간 ≪한국수필≫로 등단.

대명항 풍경·3 -빙하시대-

"둥둥"

유빙이 떠다닌다. 천천히 밀리고 부딪치며 큰 덩어리를 만든다. 영종도에서부터 사리 물때를 따라온 얼음 덩어리들이 대명항을 가득 채웠다. 그녀의 얼굴 표정도 바다와 함께 일렁인다. 벽시계의 초침처럼 일정한 보폭으로 걸음을 옮기던 그녀가 한숨을 뱉어낸다. 얼음에 반사된 햇살을 받아 눈꺼풀이 파르르 흔들린다. 얼음 덩어리들은 물의 흐름에 따라 이리저리 몸을 맡기고 있다. 서서히 파고드는 찬 공기가 옷깃을 여미게 한다.

30년 만에 찾아온 겨울 한파는 바닷물뿐만 아니라 그녀의 마음까지 얼게 했을까. 21세기를 살아가는 도심에서 수도가 동파 되자 아파트 주민들의 소동이 왁자하게 신문 사회면을 장식했다. 강원도 산골짜기에서는 계곡물이 얼어붙어 식수가 부족하다며 일용할 물을 구하기 위해 아낙들이 물동이를 이고 날랐다. 인공위성이 날아다니고, 복제 양이 나오는 시대에 텔레비전 뉴스는 새로운 별천지의 이야기를 들려주었다. 하지만 강추위로 인해 식수를 구할 수 없는 동네가 존재한다는 사실보다 그녀의 상황은 더 기가 막힐지 모를 일이다.

갑자기 그녀는 왜 유빙이 보고 싶었을까. 간간히 느릿느릿한 발걸음이 끈적끈적한 바다 냄새를 짓밟듯 멈추어 서서 얼어붙은 땅을 헤집는다. 소금 냄새와 해초 냄새까지 쓸고 간 바람 탓에 주변 분위기가 더욱 오소소 소름이 돋게 한다. 항구를 경계로 주차장 입구에 세워진 가로등은 어둠을 가로막고 서 있는데 익숙했다. 낮 동안 세상을 밝혀 주던 해가 서산 너머로 꼬리를 감추고 있을 때였다. 짧은 겨울 해는 빛을 쪼이기보다 주위를 밝혀 주는 의미로만 시간을 흘려보내는 듯싶다. 또 한 번 그녀의 한숨 소리가 무겁게 내려앉는다. 순간, 그녀의 움직일 줄 모르던 왼쪽 팔이 가볍게 경련을 일으킨다.

"고향에 돌아가고 싶어요."

가늘게 떨려 나오는 목소리가 내 가슴에 와 '턱' 걸리며 흩어졌다. 중국 단동. 인천에서 배를 타고 한나절만 가면 도착할 수 있는 곳이다. 인천공항에서 비행기로 두어 시간만 가면 되었다. 누가 옷소매를 붙잡으며 말리지도 않는데 왜 이런 말을 하는지 당혹스러웠다. 힘없이 새어 나오는 한마디, 한마디마다 어눌함이 배어 있음에도 눈빛은 절실한 소망을 담고 있다.

십수 년 전. 처음 만났을 때부터 '조선족 아줌마'가 그녀의 이름 대신 따라다녔다. 한국말을 할 줄 모르던 그녀는 단동에서 태어난 조선족 3세였다. 할아버지의 고향땅인 한국은 그녀에게 행복을 안겨

주는 실낙원이었을 게다. 주변의 많은 이웃들이 한국에서 돈을 벌어 땅도 사고 집도 사는 일이 부러워 중국을 떠날 결심을 했다. 가족과 떨어져 외로움을 견뎌야 하는 이방인으로 살아가는 그녀에게 한국은 문화 정서가 다르고, 낯설고, 말 설은 외국일 뿐이었다. 우리 횟집에서 일 하는 틈틈이 한글과 한국말을 가르쳐 주었다. 한민족이라 그런지 그녀는 하루가 다르게 빠른 속도로 말을 배웠다. 오랜 세월 동안 그녀는 횟집 주방에서 열심히 계절마다 바뀌는 생선의 머리를 자르고, 질긴 껍질을 벗기고, 회포를 뜨고, 매운탕을 끓이는 일을 했다. 매달 두 번의 휴가조차 밥만 축낼 수 없다며 다른 곳으로 일당을 다니는 억척을 부렸다. 두어 해 동안 모은 돈으로 단동에 땅을 샀다. 그 다음, 다음 해에는 집도 샀다. 단동에 있는 남편은 그녀가 보내주는 돈으로 재산이 늘어갈수록 놀기만 했다. 장가가는 아들 혼수 비용도 그녀 몫이었다. 대학을 간 딸아이 학비도 그녀 차지였다. 그러다 보니 고향에 가려고 날짜를 잡았다 미루기를 반복했다. 식은땀을 흘려도, 감기에 걸려도, 손가락을 칼에 베여도 씩 웃으며 '괜찮다' 한마디면 그만이었다. 유별나게 흰 피부에 약간 튀어나온 광대뼈는 우직한 마음을 그대로 드러냈다. 그녀가 즐기는 일이 있다면, 이른 아침 양곡 장터에서 개고기 한 사발 사 먹는 일이 고작이었다. 한국에 왔으면 일만 하지 말고, 쉬는 날 관광도 다니고, 예쁜 옷도 사 입으라는 주변 사람들의 충고에 언제나 펄쩍 뛰었다.

"내 나라에 가족 두고 돈 벌러 나왔는데, 그 무슨 소리!"

몇 년씩 남편과 떨어져 젊은 청춘 다 보내면 억울할 테니 연애라도 하라는 너스레에 버럭 소릴 높였다.

"남편이 두눈 시퍼렇게 뜨고 살아 있는데 그 무슨 소리!"

그런 그녀가 뇌출혈로 쓰러지던 날.

중국 단동에서 놀기만 한다던 그녀의 남편은 전화선 너머로 병원비 걱정부터 했다. 한국행 비자 받기가 어려워 금방 나올 수 없다며 헛기침만 연발 한다. 단걸음에 달려온 그녀의 여동생은 형부는 젊은 여자와 새살림을 차렸는데, 언니만 바보처럼 지질이 궁상을 떨다 병이 났다며 울음보를 터뜨린다. 언니가 불쌍하다며 훌쩍이는 여동생 소리를 그녀는 듣고 있는 걸까. 중환자실 침상에 누워 있는 그녀 몸속으로 서너 개의 링거를 통해 수액이 흘러 들어가고 있다. 코에는 두 줄기 호스를 꽂고, 숨을 쉬고 있는 그녀의 정신은 어디에 머물러 있을까. 꼬집어도 아픈 감각을 느끼지 못하는 그녀의 왼쪽 발등이 희멀겋게 부풀어 오른 찐빵과 똑같다. 악어가죽을 닮은 손가락 끝에, 닳고 찌그러져 밥알 만한 손톱들이 윤기를 잃고 청승맞게 널브러져 있다. 저 흔적들이 십수 년을 횟집 주방에서 견뎌온 계급장이겠지. 더 이상 지켜보고 있을 염치가 없어졌다. 병실을 빠져 나오며 불현듯 내 손을 쳐다봤다. 길게 기른 손톱 위에 알록달록 메니큐어 칠이 포개져 낯선 빛을 뿜어내고 있다. 얼른 두 손을 호주머니 깊이 구겨 넣는다.

급하게 서두른 수술 탓에 겨우 목숨을 건진 그녀는 남편의 손에 이끌려 두어 달 만에 요양원으로 옮겨졌다. 그녀의 남편은 3개월밖에 한국에 머물 수 없다는 비자를 핑계 삼았다. 아직 완쾌되지 않은 몸으로 비행기나 배를 탈 수 없으니 그 또한 고향에 돌아갈 수 없는 이유가 되었다. 보호자가 간병을 해 줄 상황이 아니니 요양원에서 물리치료와 함께 병 수발을 받으라는 남편의 단호한 결단도 한 몫 했다. 병에 찌든 지친 몸으로 그녀는 또 혼자가 되었다.

젊은 시절 건강한 몸으로 한국 땅을 밟았을 땐, 부푼 꿈으로 설레었을 그녀다. 뜻하지 않은 이산가족이 되어 고향을 그리워만 하는 그녀의 진정한 꿈은 무엇일까. 그들 부부의 행복은 어떻게 만들어 가야만 하는 걸까. 모름지기 부부란 나이를 더 하면서 가려운 등을 긁어 주며, 정을 쌓고, 사랑을 나누는 무촌의 관계 아니던가. 병든 아내를 외국 땅에 홀로 남겨 놓고 총총히 떠나간 그녀의 남편에게 사랑이란, 유빙 덩어리마냥 차갑고 덧없는 단어에 불과하려나.

이경진(본명·이명숙): ≪해동문학≫ 수필부분 신인상 등단, ≪수필과 비평≫ 평론부분 신인상 등단.

배꼽마당 이야기

열대야가 계속되던 날. 젊은 아버지와 예닐곱 살 먹은 남자아이가 팔공산에 들었다. 모처럼의 나들이 길인지 찰방거리는 물소리에도 아이는 금세 푸른 물이 올랐다. 매미를 잡는다며 연방 나무에 돌팔매질을 하고 천방지축 풀숲을 헤집고 다녔다. 처음 보는 꽃에는 킁킁 냄새를 맡으며 고개를 갸웃거리고 납작코도 쉼 없이 실룩거렸다. 녀석에게 외딴 집은 골짜기에 펼쳐놓은 짚 멍석 같았다.

멍석처럼 동그마니 산속에 들어앉은 우리 집은 울도 담도 드나드는 대문도 없다. 먼데 산은 첩첩으로 눈 아래 보이고 솔바람은 스스럼없이 귓가에 맴돌다 사라진다. 창포와 부들은 연못가에서 망을 보고 그 사이 물고기가 숨바꼭질하며 노닐고 있다. 멍멍이는 진종일 물 속 제그림자와 눈 맞춤하느라 뱅뱅 돈다. 친구가 그리운 건 저나 나나 매한가지인지. 누군가 불쑥 집안에 들어도 꼬리만 흔들어대고 있다.

이따금 들리는 발자국 소리가 빈 그네를 타려다 멀어져간다. 느티나무 그늘이 깔린 배꼽마당에는 콩 자갈로 바지락거려도 온갖 미물이 어울려 산다. 개미와 지렁이, 나방과 벌들도 윙윙거리며 날아든다. 부슬부슬 비라도 내리는 날이면 어른 손보다 큰 두꺼비도 마실을 나와 어슬렁거린다. 툭 불거져 나온 두 눈을 끔뻑거리며 두리번거리는 폼이 흡사 집 지킴이처럼 의젓해 보이기까지 한다.

호젓하던 마당이 갑자기 들썩거리자 두꺼비가 바위 밑에서 얼굴을 내밀었다. 낯선 침입자에 잔뜩 부풀어 오른 볼때기가 터질 듯 뒤룩뒤룩하다. 엉겁결에 맞닥뜨린 아이와 두꺼비는 한치도 물러설 수 없다는 듯 서로를 노려본다. 자기가 배꼽마당의 주인이라며 떡 버티고 서 있는 모습에 팽팽한 긴장감이 흐르고 있다. 황야의 결투를 지켜보듯 숨을 죽이고 있는데 느닷없이 아이가 바지를 내렸다. 곧추 선 녀석의 등줄기가 부르르 떨리며 거침없이 오줌줄기를 쏟아낸다. 입을 다물지 못하고 지켜보는 순간 두꺼비는 속절없이 뒷걸음질을 치고 만다. 아이는 아버지를 향해 씨-익 웃음을 보내고 아무 일도 없었다는 듯 놀이에 열중이다.

아이를 바라보는 아버지의 얼굴에 홍시 빛이 어리고 있다. 개구쟁이 시절의 자신의 모습을 떠올렸을까. 머리카락을 쓸어 올리며 괜히 허리춤을 움켜잡는다. 누가 볼세라. 얼른 술잔을 들이켜는 입가로 피식 웃음을 흘리고 있다. 바야흐로 보이지 않는 끈 하나가 아이와 아버지를 슬며시 비끄러맨다. 오뉴월 햇살 같은 시선이 아이의 뒷모습에 내리꽂히고 있다.

어둠이 내려앉은 배꼽마당에 외등의 불을 밝힌다. 허겁지겁 달려온 아이가 저녁밥을 먹고 있다.

"저, 아줌마, 귀신이 있어요? 없어요?"

밥을 먹던 녀석이 난데없이 주저하며 질문을 던진다.

"글쎄다. 마음에 있다고 하면 있는 거고, 없다면 없는 거겠지."

뜨듯 미지근한 대답이 맘에 걸리는지 녀석의 숟가락질이 느슨해진다. 여름밤은 깊어가고 시무룩한 아이는 애꿎은 탁자를 손톱으로 긁고 있다. 시나브로 모깃불이 사위어갈 무렵 녀석이 부리나케 마당으로 내달린다. 다짜고짜 시커먼 바위 앞에 서서 꾸뻑꾸뻑 절을 하고 있다.

"두꺼비님, 아까는 미안합니데이. 제발 꿈속에 나타나지 마이소. 지가 잘못 했심더. 알았지에."

다짐하듯 사과를 하고 아버지의 듬직한 손을 꽉 움켜잡는다. 지그시 웃음을 누르며 배웅하는데 다시금 녀석이 한마디 툭 던지고 잽싸게 달아난다.

"두꺼비님, 지 오줌은 안 뜨겁고 시원합니데이."

'세상에 시원한 오줌이라니' 소나기 같은 아이의 말에 배꼽마당 사방에서 웃음보가 터졌다.

신성애: 2006 《대구문학》, 2009년 《전북일보》 신춘문예 당선.

『2012 한국의 좋은 수필』 발간 취지

박양근(문학평론가, 부경대교수)

　문학은 시대의 울림과 흐름을 언어로 담아낸다. 만일 작품이 없다면 시대가 아끼는 작가가 누구인지 알 수 없을 뿐더러 우리의 고민과 꿈을 되돌아볼 수도 없을 것이다. 그 점에서 문학은 독자의 선호도를 떠나 나름의 존재성을 지닌다.

　수필도 문학으로서 동일한 역할과 기대치를 갖고 있다. 시대상을 반영하는 산문이면서 개인의 삶을 진솔하게 그려내는 수필은 우리들의 초상이기도 하다. 나아가 수필은 어떻게 살 것인가 라는 지혜의 눈 역할을 하고 개인의 이력서이면서 동시대의 탈무드라고 소명도 지닌다. 수필이 시와 소설과 달리 진실의 문학이기 때문이다.

　지금까지 한국문단과 출판계는 매번 동시대를 대표하는 작품을 모아 각종 선집과 전집을 출간해왔다. 시대별로 일제강점기의 문학, 해방 전후기의 문학, 6·25전쟁 문학, 민주화 시대의 민중문학으로 구분하면서 한국문학을 체계화하고 문제작을 무엇인지를 논의하였다. 그 중에서 한국 시단과 소설계는 근·현대의 수작을 소개하는 데 앞장섰다. 좋은 작품을 선정하는 노력은 작가의 창작만으로 이루어질 수 없다. 작가와 평론가와 출판인과 독자 간에 문학에 대한 끈끈한 애정이 바탕이 되어야 가능한 것이다.

오늘날의 수필은 혼성의 시대로 접어들고 있다. 일제강점기에 태동한 근대산문이 21세기를 맞이하면서 지금까지 보기 힘들었던 발전과 변화를 겪고 있다는 의미이다. 현 수필계를 살펴보면 해방 후 수난기를 거친 세대, 개발 과도기를 거친 세대, 민주화 시기에 성장한 작가들이 어울려 활동하면서 나름의 특징을 보여준다. 한글교육, 인터넷 사용, 사이버리즘 의식, 그리고 도시 체험으로 무장된 신진 작가의 활약이 무엇보다 주목을 끈다. 이것은 다양한 현대 독자들의 취향에 부응할 수 있다는 점에서 무엇보다 다행스럽다. 창작과 독서에서 젊은 세대가 문학의 중심을 이룬다는 점은 수필의 앞날을 위해 기쁜 일일 뿐만 아니라 한국 수필이 더욱 겸허한 반성과 신선한 실험을 필요로 한다는 점을 보여준다고 하겠다.

현대수필에 대한 조명은 1965년 『한국수필문학전집』 전 5권이 문원각에서 출간된 것이 효시라고 알려져 있다. 이 전집에는 월북작가를 제외하고 해방 후 1960년대 중반까지 활동한 문인들의 산문이 수록되어 있다. 1970-80년대에는 『한국수필문학전집』(8권), 『한국수필문학사대전집』(양우당 1980) 등이 양장본으로 발간되었지만 엄격한 의미에서 대표작 선집이라기보다는 세간의 지명도에 따른 인명식 나열에 불과하였다. 1990년대에는 범우사가 피천득, 김태길, 윤오영,

이태준 등의 개인 수필집을 발간하였고 최근에 좋은 수필사에서『좋은수필 100인선』을 기획함으로써 현대수필가선집으로서의 본격적인 위치를 갖추었다. 하지만 이들 기획도 신진작가와 실험수필의 공간을 확보하지 못한 한계점을 보여준다.

오늘날의 수필계는 몇 가지 특징을 지니고 있다. 무엇보다 수필가 세대의 교체가 진행되면서 개인 신변사에서 국제적 주제로 변하는 중이다. 삶에 대한 진지한 성찰이 재미와 유머로 재단된 역설의 미학으로 전환하며 전문직에 수필가들의 창작이 갈수록 활발해진다. 영남 호남 등 권역별로 유능한 수필가들이 등장하면서 서울 중심의 수필계가 재편되고 있다. 더불어 한글문체, 금기시된 소재의 개방, 타 장르와의 접목, 테마 수필의 등장, 스토리텔링기법을 적극 수용하려는 실험도 두드러진다. 그 점에서 오늘날의 한국수필은 백인백색(百人百色)의 문학성을 구현한다고 할 것이다.

수필가의 지성과 감성으로 직조된 수필만이 읽혀지고 읽고 싶은 주옥같은 작품이 된다. 그 점에서『2012 한국의 좋은 수필』은 현대인의 삶을 성실하게 전해주는 이야기 문학이 수필임을 깨닫게 해줄 것이며 누구에게나 수필을 쓰고 싶다는 의욕을 불러일으키리라 확신한다.

『2012 한국의 좋은 수필』 선정 경위 및 선정 이유

이현승(시인)

오늘날 우리의 수필 문학은 엄청난 양적 팽창이라 부를 만한 성장을 보여주고 있다. 그러나 양적 팽창이 모두 질적 기준을 만족시키는 것은 아니다. 매체들의 발전이나 기술적인 보편화 등으로 표면적으로는 이미 부흥을 맞고 있는 듯하지만 실질적인 수필 문학의 부흥을 위해서는 넘쳐나는 수필 작품들의 분출에 일정한 방향을 부여하는 비평적 작업이 필요해 보인다. 바람직한 수필 문학의 발전 방향을 예시하고 지명도나 권위에 휩쓸리지 않으며 참신한 수필 작품들에 손을 내밀어 이끌어주는 작업이 절실해 보였다. 이에 도서출판 서정시학에서는 한 해 동안 창작·발표된 수필에 대한 정선 작업의 필요성을 절감하고 『2012 한국의 좋은 수필』을 발간하기로 하였다. 이미 안팎으로 두터운 믿음을 사고 있는 유안진, 이태동 두 분 선생님과 활발하게 활동하시는 신재기, 박양근 두 분의 중진 비평가를 선정위원으로 위촉하고 20여 종이 넘는 수필 전문 잡지의 작품을 대상으로 선정 작업에 착수하였다. 선정위원과 독해위원들이 윤독을 통하여 1차적으로 200편을 골랐으며 교차 독해를 통하여 100편으로 압축한 다음 선정위원들의 합평을 거쳐 51편을 최종 결정하였다. 작품을 모을 때와는 달리 작품을 가려내기 위해서는 보다 날카로운 기준이 필요하였다. 그러므로 작품의 선정과정은 자를 대고 골라내기만 하면 되는 작업이 아니라 번번히 선별의 기준을 놓고 고심과 협의를 이루어내는 과정이 되었다. 좋은 수필에 대한 탕평한 선별을 위해서 작가의 지명도보다는 작품의 참신성과 문학적 흡인력을 높이 보고자 하였다. 특히 선정위원들이 다년간 수필 평론을 집필하면서 한국수필의 흐름 가운데 서 있으면서도, 어느 수필 단체에도 편파적 입장을 갖지 않는 자세를 지키려하였음은 물론이다. 그 점에서 『2012 한국의 좋은 수필』에 수록된 작품은 한국 수필의 현주소를 밝히면서 문학성과 흥미도에서 남다른 우수성을 지닌다고 믿는다.

수필 작품을 고른 수필들의 발표지면은 다음과 같다.(가나다 순)

계간 《수필 세계》
계간 《수필》
계간 《에세이 포레》
계간 《에세이21》
계간 《에세이문학》
계간 《좋은 수필》

계간 ≪현대수필≫
월간 ≪수필과 비평≫
월간 ≪수필문학≫
월간 ≪에세이스트≫
월간 ≪월간에세이≫
월간 ≪한국 산문≫

붓 가는 대로 쓰는 것이 수필이라지만, 붓 가는 대로 쓰는 자유로움에도 일정함이 있다는 것은 작품 선정의 과정에서 느낀 문제점이었다. 자유 그 자체에도 관행과 진부한 형식이 있다는 역설은 수필문학이 스스로의 참신성을 어떻게 마련해야 하는가에 대한 성찰의 필요성을 말해주는 것이리라. 서로 다른 필자들이 집필한 서로 다른 이야기임에도 불구하고 이상하리만치 비슷한 소재와 비슷한 소재를 주제가 자주 반복되었다. 2011년에 발표된 작품들을 대상으로 한국의 수필이 가진 폐활량을 총체적으로 점검한다는 의미에서 가급적 중복적인 작품들은 먼저 가려내게 되었다. 반대로 다소 서툴고 어눌하다고 할지라도 참신한 흡인력을 갖춘 작품들에 대해서는 지명도와 무관하게 포함시키고자 하였다. 물론 같은 시대의 시·공간에서의 삶과 문화체험이라는 것이 그렇게 남다를 수는 없을 것이다. 그러나 서정시학의 『2012 한국의 좋은 수필』 선정위원들은 수필의 자유스러움마저도 그 자유스러움을 마땅히 추인하는 내적 필연성을 갖춘 단단한 사유와 말의 흔적을 찾고자 고심하였다.

이와 같은 두 번의 선정과정을 거쳐 51인의 필자를 모시게 되었으며, 51편의 수필로 서정시학이 시도하는 매해의 수필 정선 작업의 첫 단추를 끼우게 되었다. 선정된 작품을 한편 한편 읽으면서 독자들이 모든 작품에 대해 공명하거나, 한 편 전부에 공감하지는 않더라도 한 문장, 한 구절, 한 단락을 읽으면서 시대의 쾌속질주에서 뚝 떨어져 나간 삶의 세목을 들여다보고 사금파리 같은 자신의 얼굴빛을 확인할 수 있으리라 믿는다.

2011년 수필 전문잡지 20여 종에서 가장 좋은 작품 51편을 선정한 한국의 대표적인 산문선집
2012 한국의 좋은 수필

2012년 4월 10일 초판 1쇄

선정위원 | 이태동 · 유안진 · 박양근 · 신재기
펴 낸 이 | 김구슬
펴 낸 곳 | 서정시학
진 행 | 이현승
편 집 | 최진자
인 쇄 | 서정인쇄
주 소 | 서울시 성북구 동선동 1가 48 백옥빌딩 6층
전 화 | 02-928-7016
팩 스 | 02-922-7017
이 메 일 | poemq@dreamwiz.com
출판등록 | 209-07-99337
계좌번호 | 070101-04-038256(국민은행)

ISBN 978-89-94824-59-8   03810

값 13,000원

*이 책의 판권은 지은이와 도서출판 서정시학에 있습니다.
 양측의 서면 동의 없이 무단 전재 및 복제를 금합니다.